Contraste insuffisant
NF Z 43-120-14

Illisibilité partielle

Valable pour tout ou partie
du document reproduit

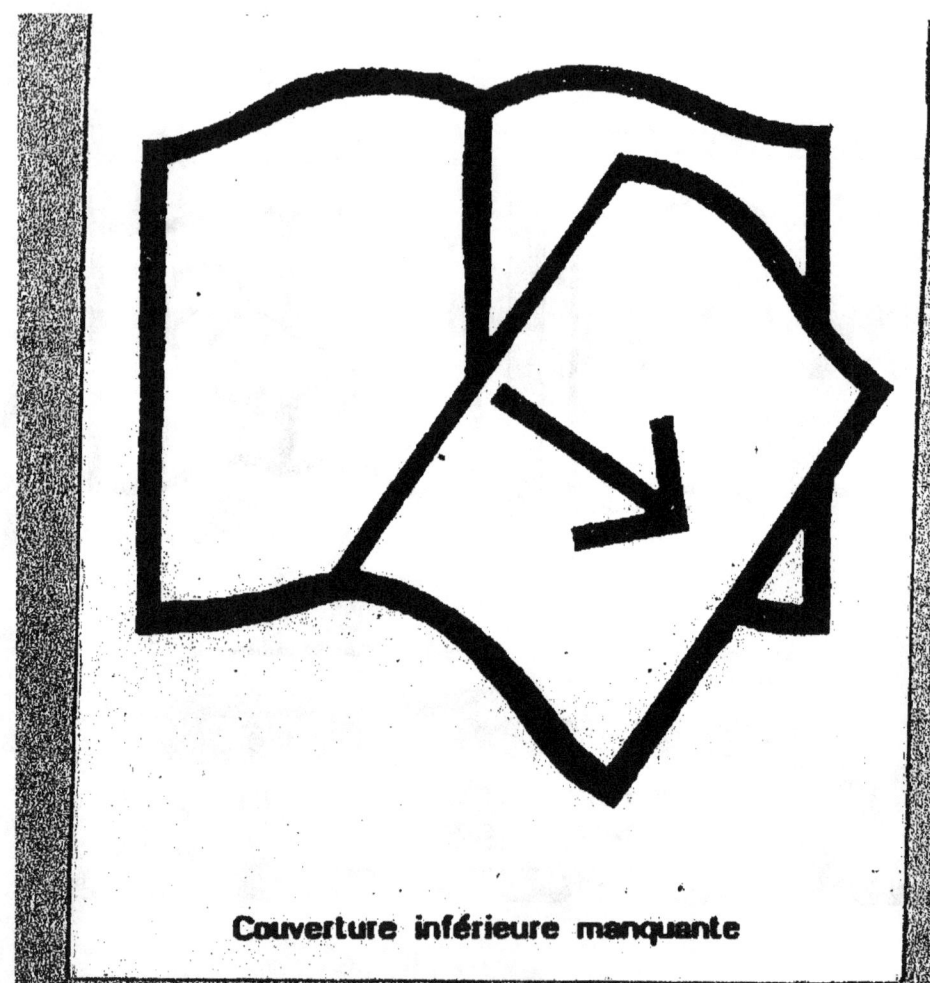
Couverture inférieure manquante

Original en couleur
NF Z 43-120-8

LE
NATURALISME

PAR
EMILIA PARDO BAZAN

PARIS
NOUVELLE LIBRAIRIE PARISIENNE
BAHRAUD ET Cie, ÉDITEURS
18, RUE DROUOT, 18

1886

8° Z
10323

LE NATURALISME

DU MÊME AUTEUR :

L'Atlantide, poème traduit du catalan de Mossen Jacinto Verdaguer, avec introduction et appendices, in-8............ 7 50

Même ouvrage, in-18... 4 »

Antibes et ses Souvenirs historiques, in-18.............. 1 »

Les Etapes d'un Naturaliste, impressions et critiques, in-18. 3 50

Le Commandeur Mendoza, mœurs andalouses, traduit de Juan Valera, de l'Académie espagnole, avec une préface, in-18. 3 50

Le Papillon, par Narcis Oller, avec une lettre d'Emile Zola, in-18.. 3 50

Le Naturalisme en Espagne............................... 1 »

Théodore Aubanel et le nouveau Théatre provençal... 1 50

EN COLLABORATION AVEC M. TIKHOMIROV

La Russie politique et sociale, 2ᵉ édition, in-8......... 7 50

EN PRÉPARATION

Le Soufflet, traduit de Narcis Oller.

L'Idylle d'un Malade, traduit de A. Palacio Valdes.

Les Romanciers nouveaux de l'Espagne, études.

EN COLLABORATION AVEC M. ACHILLE GASCARD

La Vie privée en France au XVᵉ siècle.

LE
NATURALISME

PAR

EMILIA PARDO BAZAN

PARIS
NOUVELLE LIBRAIRIE PARISIENNE
E. GIRAUD ET Cie, ÉDITEURS
18, RUE DROUOT, 18
—
1886

PRÉFACE

Le livre de Madame Emilia Pardo Bazan, que je présente au public français, sous un titre différent de celui qu'il porte dans l'édition espagnole, m'avait paru à première lecture digne de la traduction. J'ai, depuis, été encouragé par quelques personnes, d'opinions littéraires très diverses, à en publier une version.

Les unes me faisaient observer combien il est intéressant de connaître, sur un mouvement tout français par ses origines, les appréciations des étrangers; d'autres pensaient trouver dans ce livre une lumière qui éclairerait d'un jour nouveau leurs théories les plus chères. Je me suis rendu à ces raisons, me réduisant encore une fois au rôle sacrifié de traducteur.

Madame Emilia Pardo Bazan est un des écrivains les plus goûtés de la Péninsule. En quelques années, elle a touché à tous les sujets : roman, critique, histoire, histoire littéraire, hagiologie, critique scientifique. Ses qualités dominantes sont à coup sûr, avec une précieuse netteté d'intelligence, une langue facile et brillante, un style coloré et nerveux.

Les théories littéraires, qu'elle a travaillé à répandre en Espagne, sont pour la plupart empruntées à la France. Il est cependant juste de reconnaître que, s'il y avait un grand mérite, en 1883, à leur faire passer les Pyrénées, ce mérite était double, s'il appartenait à une femme. En outre, quelques-unes des idées de La Cuestion palpitante *sont bien la propriété personnelle de l'écrivain espagnol.*

Madame Emilia Pardo Bazan est, en effet, le chef d'une école : son Naturalisme catholique ne peut avoir les mêmes bases que le Naturalisme de M. Emile Zola, de là pour notre confrère transpyrénéen un très grand souci de questions qui, en France, n'ont jusqu'à ce jour été traitées par personne et qui inquiètent cependant certains critiques, et en particulier un groupe nombreux d'écrivains de la presse catholique. Dans ce milieu que j'ai traversé, où j'ai des amis et tout naturellement des adversaires, le Naturalisme scientifique de l'école de Médan ne saurait être accepté tel quel. Ceux que le goût des lettres attirait vers la brillante phalange des romanciers véristes auront quelque plaisir à retrouver leurs éloges et leurs réserves sous la plume de leur coreligionnaire espagnole. Je vais donc résumer pour eux surtout les trois chapitres que j'ai cru devoir retrancher dans ma traduction parce qu'ils contenaient une philosophie d'une forme un peu aride et scholastique et n'intéressaient qu'une fraction aussi respectable que restreinte du public lettré.

Fort peu de gens, en effet, se préoccupent des bases philosophiques sur lesquelles reposent les dogmes d'une école littéraire. Ils préfèrent les œuvres qu'ils ont produites. C'est à ceux-là que Madame Pardo Bazan s'adresse après qu'elle a franchi les aspérités du début de son exposition.

Naturalisme, Réalisme, dit-elle, on jongle souvent avec ces mots, mais le public ébloui par ces brillants exercices de prestidigitation n'en est pas plus éclairé ! On lui a corné aux oreilles que le Naturalisme est licencieux, grossier, immoral : il n'en est pas plus instruit du vrai caractère de cette manifestation littéraire.

Le fond du Naturalisme, continue-t-elle, c'est le déterminisme, résurrection, sous la forme scientifique chère au XIXe siècle, du vieux Fatalisme païen jusque-là battu en brèche par les doctrines chrétiennes et *principalement par la doctrine augustinienne du libre arbitre.*

« Saint Augustin, écrit-elle, réussit à effectuer la conciliation du libre arbitre et de la grâce avec cette profondeur et cette habileté qui étaient le propre de son intelligence d'aigle. Un dogme catholique, le péché originel, illuminait le problème d'une claire lumière. La chute d'une nature originairement pure et libre peut seule donner la clé de ce mélange de nobles aspirations et d'instincts bas, de besoins intellectuels et d'appétits sensuels, de ce combat que tous les moralistes, tous les psychologues, tous les artistes se sont plu à surprendre, à analyser et à peindre.

« L'explication de Saint Augustin a l'avantage inappréciable d'être d'accord avec ce que nous enseignent l'expérience et le sens intime. Nous savons tous que quand nous nous décidons à un acte en pleine jouissance de nos facultés, nous assumons une responsabilité. Il y a plus : même sous l'influence de passions puissantes : colère, jalousie, amour, la volonté peut venir à notre secours. Qui ne l'a appelée bien des fois en se faisant violence et qui, s'il mérite le nom d'homme, ne l'a vue obéir à l'appel ? Mais aussi, nul ne l'ignore, il n'en est pas toujours ainsi. Parfois, comme le dit saint Augustin, *par la résistance habituelle de la chair... l'homme voit ce qu'il doit faire et le désire sans pouvoir l'accomplir.* Si en principe on admet la liberté, il faut la supposer relative et sans cesse combattue, limitée par tous les obstacles qu'elle rencontre dans la vie. Jamais la théologie catholique, dans sa sagesse, n'a nié ces obstacles ni méconnu la mutuelle influence du corps et de l'âme, jamais elle n'a considéré l'homme comme un esprit, comme un pur esprit, étranger et supérieur à sa chair mortelle. »

Cette théorie, Madame Pardo Bazan l'accepte dans

son intégralité et en fait la base de son système propre.

Nombre d'écrivains, en Espagne, adhérèrent à ses doctrines ; nombre aussi les ont combattues.

Je citerai parmi les adhérents, d'une part M. Leopoldo Alas, de l'autre M. Barcia Caballero, auteur d'une réponse qui est une adhésion, la Cuestion palpitante, cartas a doña Emilia Pardo Bazan ; parmi les adversaires, MM. Polo y Peyrolon, romancier de l'école de Trueba, Diaz Carmona, universitaire distingué, Luis Alfonso, rédacteur de la Epoca qui a fait dans son journal une brillante campagne contre le Naturalisme.

Ceci pour les critiques.

Certains romanciers ont également fait leur adhésion pratique : ce sont MM. le marquis de Figueroa, Martinez Barrionuevo, Fernandez Juncos, etc... Néanmoins, Madame Emilia Pardo Bazan demeure incontestablement le chef de l'école naturaliste catholique. Ses nombreux romans, ses excellentes nouvelles lui assurent ce rang tant qu'il ne se sera pas levé un rival digne d'elle.

Albert SAVINE.

1

SOMMAIRE

L'Emeute romantique. — L'Othello de de Vigny. — Le scandale du mouchoir. — La noblesse du style. — Réalisme et Romantisme. — Classiques et Romantiques. — La crise romantique en Europe. — La phalange romantique en France et en Espagne. — Les mœurs romantiques, — Le costume. — Le Réalisme naît du Romantisme.

I

En 1829, un écrivain délicat dont l'unique désir était de se renfermer dans une *tour d'ivoire*, pour éviter le contact de la foule, — le comte Alfred de Vigny, donna à la Comédie-Française une traduction, ou plutôt un arrangement de l'*Othello* de Shakespeare.

On connaissait alors, en France, ce drame, et les meilleurs du grand dramaturge anglais, par les adaptations de Ducis.

En 1792, Ducis avait remanié *Othello* d'après le goût du temps, — avec deux dénoûments différents, celui de Shakespeare et un autre *à l'usage des âmes sensibles*. Le comte de Vigny ne crut point que de telles précautions fussent nécessaires ; mais en bien des passages, il atténua la crudité de Shakespeare.

Le public se montra donc résigné durant les premiers actes ; et même de temps en temps il applaudit. Mais, arrivé à la scène où le More, fou de jalousie, demande à Desdémone le mouchoir brodé qu'il lui a donné en gage d'amour, le mot *mouchoir*, traduction littérale de l'anglais *Handkerchief*, amena dans la salle une explosion de rires, de sifflets, de trépignements et de rugissements. Les spectateurs attendaient une circonlocution, une périphrase alambiquée quelconque, quelque *blanc tissu* ou autre chose qui n'offensât point leurs oreilles de gens de goût. Quand ils virent que l'auteur prenait la liberté de dire *mouchoir* tout sec, ils soulevèrent un tel tumulte que le théâtre en branla.

Alfred de Vigny appartenait à une école littéraire, naissante à cette heure, qui venait innover et transformer de fond en comble la littérature. Le classicisme dominait alors, dans les sphères officielles, comme dans le goût et l'opinion de la foule, ainsi que le prouve l'anecdote du mouchoir.

Et comment une licence de si mince importance pouvait-elle soulever un tel émoi ! Ce qui nous semble aujourd'hui si peu de chose était en 1829 de la plus haute gravité.

A force de s'inspirer des modèles classiques, de s'assujettir servilement aux règles des préceptistes, et de prétendre à la majesté, à la prosopopée et à l'élégance, les lettres en étaient venues à un tel état de décadence que le naturel était considéré comme un délit, que c'était un sacrilège d'appeler les choses par leur nom et que les neuf dixièmes des mots français étaient proscrits, sous prétexte de ne profaner point la *noblesse du style*. Aussi le grand poète, qui fut le capitaine du Renouveau littéraire, Victor Hugo, dit-il dans les *Contemplations* :

> « Plus de mot sénateur ! plus de mot roturier !
> Je fis une tempête au fond de l'encrier,
> Et je mêlai parmi les ombres débordées,
> Au peuple noir des mots l'essaim blanc des idées ;
> Et je dis : Pas de mot où l'idée au vol pur
> Ne puisse se poser, tout humide d'azur ! »

Une littérature qui, comme le classicisme du début du siècle, appauvrissait la langue, éteignait l'inspiration et se condamnait à imiter par système, était forcément incolore, artificielle et pauvre. Les romantiques qui venaient ouvrir de nouvelles voies, mettre en culture des terrains vierges, arrivaient aussi à propos qu'une pluie longtemps désirée sur la terre desséchée par les ardeurs du soleil. Quoique le public protestât et se cabrât tout d'abord, il devait finir par leur ouvrir les bras.

Il est curieux que les reproches adressés au Romantisme débutant ressemblent, comme une goutte d'eau à une autre, à celles que l'on lance aujourd'hui contre le Réalisme. Lire la critique du Romantisme faite par un Classique, c'est lire la critique du Réalisme par un Idéaliste.

D'après les Classiques, l'école romantique recherchait tout spécialement le laid, remplaçait le pathétique par le répugnant, la passion par l'instinct, fouillait les égouts, mettait en lumière les plaies et les ulcères les plus dégoûtants, corrompait la langue et employait des termes bas et populaires. Ne dirait-on pas que l'*Assommoir* soit l'objet de cet anathème ?

Sans s'écarter de leur route, les romantiques continuaient leur formidable révolte.

En Angleterre, Coleridge, Charles Lamb,

Southey, Wordsworth, Walter-Scott, rompaient avec la tradition, dédaignaient la civilisation classique et préféraient une vieille ballade à l'*Enéide*, le moyen-âge à Rome.

En Italie, la renaissance du théâtre procédait du romantisme par Manzoni.

En Allemagne, véritable berceau de la littérature romantique, elle était déjà riche et triomphante.

L'Espagne, lasse de poètes subtils et académiques, tendit volontiers ses bras au Carthaginois qui venait à elle les mains pleines de trésors. Nulle part, cependant, le Romantisme ne fut aussi fécond, aussi militant et aussi brillant qu'en France. Par cette éclatante et éblouissante période littéraire seule, nos voisins méritent la légitime influence qu'il n'est pas possible de leur dénier et qu'ils exercent dans la littérature de l'Europe.

Magnifique expansion, riche floraison de l'esprit humain ! On ne peut la comparer qu'à une autre grande époque intellectuelle : celle de la splendeur de la philosophie scolastique. Et il est à remarquer qu'elle a été bien plus courte. Quoique le Romantisme fût né après le début du XIXe siècle, un grand critique, Sainte-Beuve, parla de lui, en 1848, comme d'une chose finie et morte, déclarant que le monde appartenait déjà à d'autres idées, à d'autres sentiments, à d'autres générations. Ce fut un éclair de poésie, de beauté et de lumineuse clarté, auquel on peut appliquer la strophe de Nuñez de Arce :

¡ Qué espontaneo y feliz renacimento !
Que pléyada de artistas y escritores !
En la luz, en las ondas, en el viento
Hallaba inspiracion el pensamiento,
Gloria el soldado y el pintor colores.

Quelle renaissance heureuse et spontanée !
Quelle pléiade d'artistes et d'écrivains !
Dans la lumière, dans les flots, dans le vent,
La pensée trouvait des inspirations,
Le soldat de la gloire et le peintre des couleurs (1).

---

(1) *Gritos del combate* : A la muerte de D. Antonio Rios Rosas, p. 135.

Un membre de la phalange française, Dovalle, tué en duel à l'âge de vingt-deux ans, conseillait ainsi le poète romantique :

> Brûlant d'amour, palpitant d'harmonie,
> Jeune, laissant gémir tes vers brûlants,
> Libre, fougueux, demande à ton génie
> Des chants nouveaux, hardis, indépendants !
> Du feu sacré si le ciel est avare,
> Va les ravir d'un vol audacieux ;
> Vole, jeune homme... Oui, souviens-toi d'Icare :
> Il est tombé ; mais il a vu les cieux !

Bien que nous distinguions dans le mouvement romantique français quelques-uns de ses représentants qui, comme Alfred de Musset et Balzac, ne lui appartiennent pas complètement, et sont à la rigueur les hommes d'une école différente, il lui reste une telle quantité de noms fameux qu'elle suffirait à faire la gloire, non pas seulement de quelques lustres, mais de deux siècles. Châteaubriand, — dédaigné aujourd'hui plus que de juste ; — le doux et harmonieux Lamartine ; George Sand ; Théophile Gautier, d'une forme si parfaite ; Victor Hugo, colosse qui se maintient encore sur pied ; Augustin Thierry, le premier des historiens artistes, y suffiraient, sans compter les nombreux écrivains, secondaires peut-être, mais de valeur indiscutable, qui sont la preuve évidente de la fécondité d'une époque et qui pullulèrent dans le Romantisme français : Vigny, Mérimée, Gérard de Nerval, Nodier, Dumas, et, enfin, une troupe de douces et courageuses poétesses, de poètes et de conteurs dont il serait prolixe de citer les noms.

Théâtre, poésie, roman, histoire, tout fut créé, régénéré et agrandi par l'école romantique.

Nous gens d'au-delà les Pyrénées, satellites de la France, — malgré que nous en ayons, — nous nous rappelons aussi l'époque romantique comme une date glorieuse. Nous en ressentons encore l'influence et longtemps encore nous resterons à nous en affranchir.

Le romantisme nous donna Zorrilla qui fut comme le rossignol de notre aurore, en même temps que le mélancolique ver luisant de notre crépuscule. Mystiques arpèges, notes de guzla, sérénades moresques, terribles légendes chrétiennes, la poésie du passé, l'opulence des formes nouvelles, le poète castillan exprima tout avec une veine si inépuisable, avec une versification si sonore, une musique si délicieuse et que l'on entendait pour la première fois, que même aujourd'hui... alors qu'elle est si lointaine ! il semble que sa douceur nous résonne encore dans l'âme.

A côté de lui, Espronceda dresse son front byronien ; et le soldat poète Garcia Gutierrez cueille des lauriers prématurés qu'Hartzenbusch seul lui dispute. Le duc de Rivas satisfait aux exigences historico-pittoresques dans ses romances. Larra, plus romantique dans sa vie que dans ses œuvres, avec un humorisme piquant, avec une ironie badine, indique la transition de la période romantique à la période réaliste.

Bien avant que cette transition commençât à s'accomplir, — quoique déterminée par la révolution littéraire française, la nôtre eut une originalité propre. Il ne nous manqua aucune note. Avec le temps, si nous ne possédâmes pas un Heine et un Alfred de Musset, il nous naquit un Campoamor et un Becquer.

Mais le théâtre du combat décisif, il importe de le répéter, ce fut la France.

Là, il y eut attaque impétueuse de la part des dissidents, résistance tenace de la part des conservateurs.

Baour-Lormian, dans une comédie intitulée *Le classique et le romantique*, établit la synonymie : *classiques et gens de bien, romantiques et canailles*. Suivant ses traces, sept écrivains d'un classicisme absolutiste remirent à Charles X une adresse dans laquelle ils le suppliaient d'exclure toute poésie contaminée de Romantisme du Théâtre-Français. Le roi répondit avec beaucoup d'esprit à cette demande qu'en matière de poésie dramatique il n'avait que l'autorité d'un spectateur et au théâtre d'autre rang que sa place au parterre.

A leur tour, les Romantiques provoquaient la lutte, défiaient l'ennemi et se montraient insociables et séditieux autant qu'il était possible. Ils riaient à se démancher la mâchoire des trois unités d'Aristote; ils envoyaient promener les préceptes d'Horace et de Boileau, — sans s'apercevoir que beaucoup d'entre eux sont des vérités évidentes dictées par une logique inflexible et que le préceptiste ne put les inventer pas plus qu'aucun mathématicien n'invente les axiomes fondamentaux qui sont les premiers principes de la science. Ils s'amusaient à mystifier les critiques qui leur étaient hostiles, comme le fit ingénieusement Charles Nodier.

Cet élégant conteur qui était un savant philologue publia une œuvre intitulée *Smarra*. Les critiques, la prenant pour un enfant du Romantisme, la censurèrent avec amertume. Quelle ne dut pas être leur surprise en s'apercevant que *Smarra* se composait de passages traduits d'Homère, de Virgile, d'Horace, de Théocrite, de Catulle, de Lucien, de Dante, de Shakespeare et de Milton.

Jusque dans les détails du costume, les romantiques voulaient manifester de l'indépendance et de l'originalité; l'extravagance ne les effrayait point. Les chevelures de ce temps-là sont proverbiales, caractéristiques. Le costume avec lequel Théophile Gautier assista à la première d'*Hernani* est fameux. Le costume en question se composait d'un gilet de satin cerise, très collant, comme un justaucorps, d'un pantalon vert d'eau très pâle avec une bande noire, d'un habit noir à revers de velours, d'un pardessus gris doublé de satin vert et d'un ruban de moire autour du cou, sans que ni cravate ni col blanc se laissassent apercevoir. Pareil costume, choisi tout exprès pour choquer les bourgeois paisibles et les classiques atterrés, produisit presque autant d'émotion que le drame.

Le Romantisme ne s'arrêtait pas à la littérature : il s'élevait jusqu'aux mœurs. C'est un de ses signes particuliers d'avoir mis à la mode certains détails, certaines physionomies, les demoiselles pâles et bouclées, les héros désespérés, et, comme terme final, l'orgie et le cimetière.

L'idée que l'on avait de l'écrivain changea du tout au tout : à d'autres époques, c'était en général un homme inoffensif, paisible, menant une vie studieuse et retirée. Après l'avènement du Romantisme, ce devint un libertin misanthrope que les muses tourmentaient au lieu de le consoler et qui ne marchait, ne mangeait et ne se conduisait en rien comme le reste du genre humain, toujours entouré d'aventures, de passions, de tristesses profondes et mystérieuses.

Tout n'était pas fictif dans le type romantique. La preuve en est dans la vie hasardeuse de Byron, dans la satiété précoce d'Alfred de Musset, dans la folie et le suicide de Gérard de Nerval, dans les étranges fortunes de George Sand, dans les passions volcaniques et la fin tragique de Larra, dans les incartades et les ardeurs de Espronceda.

Il n'est pas de vin qui ne monte à la tête, si l'on en boit avec excès, et l'ambroisie romantique fut trop enivrante, pour ne pas troubler le cerveau de tous ceux qui la goûtaient dans la coupe divine de l'Art.

Temps héroïques de la littérature moderne! L'aveugle intolérance pourra seule méconnaître leur valeur et les considérer uniquement comme une préparation à l'âge réaliste qui commence. Et cependant, quand il appela à la vie artistique le beau et le laid indistinctement, quand il accorda à tous les mots leurs lettres de naturalisation dans les domaines de la poésie, le Romantisme servit la cause de la réalité. Victor Hugo protesta en vain, déclarant que *des abîmes infranchissables séparent la réalité dans l'art de la réalité dans la nature.* Cette restriction calculée n'empêchera pas que le Réalisme contemporain, et même le pur Naturalisme, se fondent et s'appuient sur des principes proclamés par l'école Romantique.

II

SOMMAIRE

Intensité et brièveté de l'existence du Romantisme. — La littérature nouvelle.—Le calme dans les esprits. — Vie bourgeoise des écrivains nouveaux. — La tendance réaliste. — La génération romantique : Victor Hugo. — Réalisme anglais et espagnol. — La tendance des nationalités. — Le roman est par excellence la forme littéraire nouvelle.

II

En étudiant le Romantisme et en fixant sur lui un regard impartial, l'on voit clairement que Sainte-Beuve avait raison. Son existence fut aussi courte qu'intense et brillante. Depuis le milieu du siècle, il est mort, en laissant une nombreuse descendance.

La fin de la période romantique n'est pas due à la résurrection du Classicisme anémique et antiquaille d'autrefois.

Il n'y a pas de restauration de ce genre dans le domaine intellectuel. L'intelligence humaine n'est pas un panier qui se vide quand il est trop plein et où l'on met dessus ce qui était dessous, comme on peut le dire des modes.

Madame de Staël avait raison d'affirmer que ni l'Art ni la Nature ne récidivent avec une précision mathématique.

Seul, ce qui survit à la critique, ce qui passe à travers son fin tamis, se reproduit et revit : ainsi du Classicisme. Il renaît aujourd'hui les choses réellement bonnes et belles qu'il y eut en lui, ou qui pour le moins, si elles ne sont ni bonnes ni belles, sont en harmonie avec les exigences de l'époque présente et de l'esprit littéraire du jour.

Il en arrive de même pour le Romantisme. Il survit de lui tout ce qui mérite de survivre, tandis que les exagérations, les égarements et les folies passèrent comme un torrent de lave, qui embrasa le sol et laisse derrière lui d'inutiles scories.

Une littérature nouvelle, qui n'est ni classique ni romantique, mais qui tire son origine des deux écoles et tend à les équilibrer dans une juste proportion, s'empare de la seconde moitié du XIXe siècle et peu à peu la domine. Sa formule n'est pas un éclectisme qui se borne à emboîter des têtes romantiques sur des troncs classiques : ce n'est pas un syncrétisme qui mêle, comme des légumes dans un potage, les éléments des deux doctrines rivales. C'est un produit naturel comme le fils, en qui s'unissent en une seule substance le sang paternel et le sang maternel, donnant pour résultat un individu doté d'une spontanéité et d'une vie propres.

Il me semble oiseux d'insister sur cette démonstration de ce qui ne peut même pas se discuter, c'est-à-dire, qu'il existe des formes littéraires nouvelles, et que les anciennes sont en décadence et s'éteignent peu à peu. Ce serait une étude curieuse que celle de la diminution graduelle de l'influence romantique, et dans les lettres, et dans les mœurs.

Sans déchirer le voile qui couvre la vie privée, je crois facile de mettre en relief le changement notable qu'ont éprouvé les mœurs littéraires et l'état d'esprit des écrivains.

Voici quelques années, l'effervescence des cerveaux se calma, cette irritabilité maladive, ce *subjectivisme* qui tourmentaient tant Byron ou Espronceda s'apaisèrent, et nous entrons dans une période de sérénité et de calme plus grand.

Nos écrivains illustres, nos poëtes contemporains vivent comme le reste des mortels; leurs passions, si tant est qu'ils en éprouvent, demeurent cachées au fond de leur âme et ne débordent ni dans leurs livres ni dans leurs vers. Le suicide perd prestige à leurs yeux, et ils ne le demandent ni à l'excès des plaisirs désordonnés ni à aucune fiole de poison, ni à aucune arme mortelle. Par leurs vêtements, leur langage et leur conduite, ils sont semblables au premier venu, et celui qui rencontrerait dans la rue Nuñez de Arce ou Campoamor sans les connaître, dirait qu'il a vu deux messieurs de bonne mine, l'un tout blanc, l'autre un peu pâle, qui n'ont rien de saillant. Tout Paris connaît l'existence bourgeoise et méthodique de Zola, tout entier à sa famille, et si ce n'était toujours commettre une indiscrétion que de découvrir les choses intimes du foyer, si innocentes soient-elles, j'ajouterais sur ce point, au nom du romancier français, celui de quelques écrivains espagnols fort connus (1).

Cela ne veut pas dire que l'on en ait fini avec la tristesse vague, la contemplation mélancolique, le désir de choses autres que

(1) M. Perez Galdos est évidemment de ceux-là. (*Trad.*)

celles que nous offre la réalité tangible, le mécontentement, la soif de l'âme et les autres maladies qui n'atteignent que les esprits élevés et puissants, ou tendres et délicats. Ah, certes non ! Cette poésie intérieure n'est pas tarie. Ce qui est proscrit, c'en est la manifestation importune, affectée et systématique. Les rêveurs agissent aujourd'hui comme ces moines et ces religieuses qui, en s'acquittant des besognes culinaires ou en balayant le cloître, savaient fort bien absorber en Dieu leurs pensées, sans qu'il parût extérieurement que leur attention fût tout entière à autre chose qu'au pot-au-feu et au balai.

Notre temps n'est pas aussi positif que l'assurent des gens qui le regardent de haut. Il n'y a pas de siècles où la nature humaine se change totalement et où l'homme enferme à double tour quelques-unes de ses facultés, en se servant seulement de celles qu'il lui plaît de laisser dehors.

La différence consiste en ce que le Romantisme eut des rites auxquels, à cette heure, nul ne se soumettrait, sans en rire lui-même aux éclats. Si à la Première du drame le plus discuté d'Echegaray, quelqu'un se présentait avec l'extravagant costume de Théophile Gautier à *Hernani*, il se pourrait faire qu'on l'envoyât dans un cabanon.

Fort bien ! si le Romantisme est mort et si le Classicisme n'a pas ressuscité, c'est sans doute que la littérature contemporaine a trouvé de nouveaux moules, qui lui sont plus proportionnés ou plus amples. Je crois qu'il est à cette heure difficile de juger ces moules. Il est indubitablement beaucoup trop tôt. Nous ne sommes pas encore la postérité, et peut-être ne réussirions-nous pas à nous montrer impartiaux et sagaces.

Il est seulement permis d'indiquer qu'une tendance générale, la tendance réaliste, s'impose aux lettres, ici contrariée, parce qu'il existe encore un esprit romantique ; là accentuée par le Naturalisme, qui est sa note la plus aiguë, mais partout vigoureuse et partout dominante, comme le prouve l'examen de la production littéraire en Europe.

De la génération romantique française, il ne reste plus debout que Victor Hugo, matériellement, puisqu'il vit ; moralement, il y a beau temps qu'on ne le compte plus. On ne peut lire avec plaisir ses dernières œuvres, pas même avec patience, et les auteurs français dont la célébrité traverse les Pyrénées et les Alpes et se répand dans tout le monde civilisé, sont des réalistes et des naturalistes.

L'Angleterre a vu tomber un à un les colosses de sa période romantique, Byron, Southey, Walter-Scott, et une phalange réaliste d'un rare talent les remplacer : Dickens, qui se promenait des jours entiers dans les rues de Londres, notant sur son carnet ce qu'il entendait, ce qu'il voyait, les détails et les banalités de la vie quotidienne ; Thackeray qui continua les vigoureuses peintures de Fielding ; et enfin, pour couronner cette renaissance du génie national, Tennyson le poète du *home*, le chantre des mœurs simples et calmes de la famille, le chantre de la vie domestique et du paysage tranquille.

L'Espagne... qui doute que l'Espagne, elle aussi, ne tende, peut-être pas aussi résolument que l'Angleterre, du moins avec assez de force, à recouvrer en littérature son naturel originel et original, plutôt réaliste qu'autre chose ? Voici quelque temps qu'il s'est établi des courants de purisme et d'archaïsme qui, s'ils ne débordent point, seront très utiles et nous mettront en relation et en contact avec nos classiques, pour que nous ne perdions point le goût et la saveur de Cervantès, de Hurtado (1) et de sainte Thérèse.

(1) Diego Hurtado de Mendoza, auteur de *Lazarillo de Tormès* et de la *Guerre de Grenade*.

Les écrivains délicats et un tantinet maniérés, comme Valera, et aussi ceux qui écrivent librement, *ex toto corde*, comme Galdos, époussettent, dérouillent et mettent en circulation des phrases surannées, mais précises, utiles et belles.

Ce n'est pas uniquement la forme, le style qui devient chaque jour plus national chez les bons écrivains, c'est le fond et l'esprit de leurs productions. Galdos, avec les admirables *Episodes* et les *Romans contemporains*, Valera avec ses élégants romans andalous, Pereda avec ses frais récits montagnards, mènent à terme une restauration, retracent notre vie psychologique, historique, régionale. Ils écrivent le poëme de l'Espagne moderne. Alarcon même, le romancier qui conserve le plus les traditions romantiques, place en première ligne parmi ses œuvres un précieux caprice de Goya, un conte espagnol à tous crins, *le Tricorne*. La patrie se réconcilie avec elle-même par l'intermédiaire des lettres.

En résumé, la littérature de la seconde moitié du XIXe siècle, abondante, variée et complexe, présente des traits caractéristiques. Portrait de la société, nourrie de faits, positive, scientifique, basée sur l'observation de l'individu et de la société, elle professe le culte de la forme artistique et le pratique à la fois, non plus avec la sereine simplicité classique, avec abondance et avec recherche. Si elle est réaliste et naturaliste, elle est aussi raffinée, et comme aucun détail ne demeure caché à sa perspicacité analytique, elle les traduit prolixement, polit et cisèle le style.

On y remarque une certaine renaissance des nationalités, qui pousse chaque peuple à diriger ses regards vers le passé, à étudier ses écrivains illustres et à chercher chez vous ce parfum particulier et inexplicable, qui est à la littérature d'un pays ce que sont à ce même pays son ciel, son climat, son sol. En même temps, l'on observe le phénomène de l'imitation littéraire, l'influence réciproque des nationalités, phénomène qui n'est ni nouveau, ni surprenant, bien que par excès de patriotisme, quelques-uns le condamnent avec une sévérité irréfléchie.

L'imitation entre nations n'est pas un fait extraordinaire, ni si humiliant pour la nation qui imite qu'on a coutume de le dire. Laissons de côté les Latins qui ont calqué les Grecs : nous, nous avons imité les poëtes italiens ; à son tour la France imita notre théâtre, notre roman. Un de ses auteurs les plus célèbres, admiré par Walter-Scott, Le Sage, écrivit le *Gil Blas*, *le Bachelier de Salamanque*, et *le Diable Boiteux*, en suivant les traces de nos écrivains picaresques. Dans la période romantique, l'Allemagne fut l'inspiratrice des Français qui à leur tour influencèrent notablement Heine, et cela se passa de telle sorte que si chaque nation devait restituer ce que lui prêtèrent les autres, toutes demeureraient sinon ruinées, au moins appauvries.

A propos d'imitation, Alfred de Musset disait avec sa grâce accoutumée :

> Byron, me direz-vous, m'a servi de modèle,
> Vous ne savez donc pas qu'il imitait Pulci ?
> Lisez les Italiens, vous verrez s'il les vole.
> Rien n'appartient à rien, tout appartient à tous.
> Il faut être ignorant comme un maître d'école
> Pour se flatter de dire une seule parole
> Que personne ici-bas n'ait su dire avant vous.
> C'est imiter quelqu'un que de planter des choux.

L'évolution, — le mot ne me satisfait pas, mais je n'en ai pas de meilleur, — l'évolution qui s'accomplit dans la littérature actuelle et laisse en arrière le Classicisme et le Romantisme, transforme tous les genres.

La poésie se modifie, admet comme élément de beauté la réalité vulgaire. On le prouve aisément par le seul nom de Campoamor. L'histoire s'appuie chaque jour davantage sur la science et sur la connaissance analytique des sociétés. La critique a cessé d'être une magistrature et un pontificat, pour se changer

Illisibilité partielle

en études et en observations incessantes. Le théâtre même, dernier refuge de la convention artistique, entr'ouvre ses portes, sinon à la vérité, du moins à la vraisemblance réclamée à grands cris par le public qui, s'il accepte et applaudit des bouffonneries, des féeries, des pantomimes et jusqu'à des fantoches comme simple passe-temps ou comme distraction des sens, dès qu'il voit une œuvre scénique prétendre pénétrer sur le terrain du sentiment et de l'intelligence, ne lui donne plus si facilement un passe-port.

C'est dans le roman que la réalité s'installe plus victorieusement, qu'elle est comme chez elle. Ce genre favori de notre siècle se substitue aux autres, adopte toutes les formes, se plie à tous les besoins intellectuels, justifie son titre d'épopée moderne.

Il est temps de nous attacher au roman, puisque c'est là que se produit le mouvement réaliste et naturaliste avec une rapidité extraordinaire.

III

SOMMAIRE

L'histoire du roman. Son âge héroïque : le conte et la fable. — Le roman antique. Le Poème, la Chanson de geste. — Le roman de chevalerie. — Le Don Quichotte. — Le roman picaresque. — Daphnis et Chloé. — Amadis. — Le grand Tacaño.

III

La forme première du roman, c'est le conte non écrit, oral, qui fait les délices du peuple et de l'enfance.

Quand, à la clarté de la lampe, durant les longues nuits d'hiver, ou bien, filant leurs quenouilles à côté du berceau, l'aïeule ou la nourrice racontent dans un langage simple et incorrect d'effroyables légendes ou des apologues moraux, elles sont... qui le dirait ? les prédécesseurs de Balzac, de Zola et de Galdos.

Peu de peuples au monde sont privés de ces fictions.

Les Indes en furent une mine opulente. Elles les communiquèrent aux pays de l'Occident, et parfois quelque savant philologue les y découvre, qui s'étonne qu'un berger lui raconte la fable sanscrite qu'il lut, la veille, dans la collection de Pilpay.

Arabes, Perses, Peaux-Rouges, Nègres, Sauvages de l'Australie, les races les plus inférieures et les plus barbares possèdent leurs contes.

Chose étrange ! le seul peuple pauvre en ce genre de littérature est celui qui nous inspira et nous donna tous les autres genres, c'est-à-dire la Grèce. On croit qu'Esope dut être esclave dans quelque pays oriental et en rapporter dans sa patrie les premiers apologues et les premières fables.

De romans, il n'y a aucune trace aux époques glorieuses de l'antiquité classique.

Au quatrième siècle avant notre ère, quand les Grecs avaient déjà leurs admirables épopées, leur théâtre, leur poésie lyrique, leur philosophie et leur histoire, alors seulement apparut la première fiction romanesque : la *Cyropédie* de Xénophon, roman moral et politique, qui ne manque pas d'analogie avec le *Télémaque*. La période attique — on appelle ainsi tout le temps où fleurirent les lettres grecques, — n'a ni un autre romancier ni un autre roman, car on ignore si Xénophon a renouvelé sa tentative.

Les Chinois qui furent à l'avant-garde en toute chose, possédaient des romans depuis des temps reculés; mais comme la civilisation de l'Occident est d'origine grecque, si nous voulions rendre hommage à notre premier romancier, nous devrions célébrer le millénaire de Xénophon.

Durant la période de décadence littéraire qui commença à Alexandrie, Dion Chrysostome, au siècle d'Auguste, publie une jolie pastorale, *les Eubéennes*.

Il semble que l'imagination romanesque attendait pour se manifester librement la venue du christianisme. Elle prit dès lors son vol fort à son aise, et les fictions échevelées et les fables milésiennes abondaient sans doute, quand, au second siècle, Lucien de Samosate, écrivain sceptique et satirique, le Voltaire du paganisme, pour ainsi dire, crut nécessaire de les attaquer, comme Cervantès attaqua depuis les livres de chevalerie, en les parodiant dans deux nouvelles satiriques, *l'Histoire véritable* et *l'Ane*.

En effet, la littérature de ces premiers siècles du christianisme, si elle compte quelques bons romans, comme *les Babyloniennes* de Jamblique, est infectée de balourdises, de prodiges et d'inventions fantastiques, de biographies et d'histoires sans queue ni tête, de légendes relatives à Homère, Virgile et d'autres poëtes et héros, d'*Evangiles* et d'*Actes* apocryphes, quelques-uns de très brillante invention. On le voit, le lignage du roman, pour n'être pas aussi antique que celui des autres genres littéraires, peut se vanter d'être illustre, puisque un lien d'affinité l'unit à la littérature sacrée.

L'ère du roman grec termine avec *Daphnis et Chloé*; *les amours de Théagène et de Chariclée*, *les Récits* d'Achille Tatius, *les Ephésiennes* de Xénophon d'Ephèse, *les Lettres d'Aristénètes*, genre spécial de roman érotique, dans lequel le paganisme moribond se complaisait à orner de festons et de guirlandes prolixes l'autel ruiné de l'amour classique.

Survient le moyen-âge. Personnages, sujets et écrivains changent. Le roman est poëme épique, chanson de geste ou fabliau. Ses héros s'appellent Jason, Œdipe, les Douze Pairs, le roi Artus, Flore et Blanchefleur, Lancelot, Parcival, Garin, Tristan et Iseult ; il a pour sujets la conquête du Saint-Graal, la guerre de Troie, la guerre de Thèbes ; pour auteurs, des trouvères ou des clercs.

A l'état très rudimentaire, les livres de chevalerie et le roman historique étaient là, tout comme les chroniques des saints et les légendes dorées renfermaient le germe du roman psychologique, avec moins d'action et de mouvement, mais plus délicat, plus ému.

La France et l'Angleterre eurent la palme dans ce genre d'histoires romanesques, de paladins, d'aventures, d'exploits et de merveilles : nous prîmes notre revanche au XVIe siècle.

Semblable aux jardins enchantés que, par la puissance de sa magie, un alchimiste faisait fleurir au plus âpre de l'hiver, notre patrie vit soudain s'ouvrir le calice, peint de gueules, de sinople et d'azur, de la littérature de la chevalerie errante. Les chroniques et les prouesses des héros carlovingiens, les amours de Lancelot et de Tristan, les ruses de Merlin n'avaient point pénétré en Espagne, mais en échange, outre le magnifique Campeador, le Cid idéal, le chevalier parfait, pur et héroïque jusqu'à la sainteté, nous avions parmi nous le beau, le jamais assez loué Amadis de Gaule, patriarche de l'ordre de chevalerie, type si cher à notre imagination méridionale qu'au début du xve siècle, les chiens favoris des grands de la Castille s'appelaient Amadis, comme ils s'appelleraient maintenant Bismarck ou Garibaldi. L'aïeul Amadis est-il né en Portugal ou en Castille ? Aux érudits d'en décider : ce qui est certain, c'est que le soleil de l'Ibérie échauffa sa cervelle, le soleil qui brûlait la tête d'Alonzo Quijano errant dans les plaines brûlantes de la Manche ; c'est que son interminable postérité, nombreuse comme les rejetons de l'olivier, poussa dans le champ des lettres espagnoles. Certes, il fut fécond, l'hyménée du chaste comte Amadis avec l'incomparable dame Oriane.

Un monde, un monde imaginaire, poétique, doré, mystérieux et extranaturel comme celui que vit au fond de la caverne de Montesinos le chevalier de la Triste-Figure, s'avance à la suite du roi Périon de Gaule. Lisuart, Florisel et Epnéramond ; chevaliers de Phœbus, de l'Ardente Epée, de la Sylve ; belles demoiselles, blessées par le dard de l'amour ; duègnes rancuneuses ou désolées ; reines et impératrices de régions étranges, d'îles lointaines, de contrées des antipodes, où quelque dragon ailé transportait en un clin d'œil le chevalier errant ; nains, géants, mores et mages, monstres et spectres, savants avec des barbes qui leur baisaient les pieds, et princesses enchantées avec des poils qui leur couvraient tout le corps ; châteaux, cavernes, riches salles, lacs de poix qui renfermaient des cités d'or et d'émeraude ; tout ce qu'enfanta la poésie de l'Arioste, tout ce que Torquato Tasso chanta en de mélodieuses octaves, Garcia Ordoñez de Montalvo, Feliciano de Sylva, Toribio Fernandez, Pelayo de Ribera, Luis Hurtado le contèrent en prose castillane, abondante, enflée, entortillée, bourrée de jeux de mots et d'affectations amoureuses. Elle compte encore mille autres romanciers la phalange dont la lecture assidue dessécha le cerveau de Don Quichotte et dont le style semblait aussi précieux que les perles au bon hidalgo. « Oh ! je veux, — dit une héroïne des romans de chevalerie, la reine Sydonie, — je veux mettre un terme à mes raisons pour la déraison que je commets en me plaignant de celui qui ne la garde pas dans ses lois ! »

Arrive, hâte-toi, glorieux manchot qui manques si fort au siècle : empoigne la plume et décapite-moi sur l'heure cette armée de géants, qui sous tes coups se métamorphoseront en des outres inoffensives, gonflées de vin rouge. D'un seul coup tu les pourfendras, et quand ils auront perdu leur sève enivrante, ils resteront aplatis et vides. Viens, Miguel de Cervantès Saavedra, viens en finir avec une race d'écrivains absurdes, viens abattre un idéal chimérique, patronner la réalité, concevoir le meilleur roman du monde !

Notons ici un détail de la plus haute importance ; si le roman chevaleresque s'implanta, s'enracina et fructifia si richement sur notre sol, il nous venait pourtant du dehors. Par son origine, *Amadis* est une légende du cycle breton, importée en Espagne par quelque troubadour provençal fugitif. *Tirant le Blanc*, cet autre premier livre de la littérature chevaleresque, fut traduit de l'anglais en portugais et en catalan. Les aventures de chevaliers errants adviennent en Bretagne, au pays de

Galles, en France. Quoique habilement adaptées à notre langage, lues avec délices et même avec une fureur enthousiaste, leurs histoires ne perdent jamais une tournure étrangère qui répugne au goût national.

Vienne un Cervantès qui écrive, sous forme de roman, une histoire pleine d'esprit et de vérité, protestation de l'esprit patriotique contre le faux idéalisme et les discours enchevêtrés que nous adressent des héros nés en d'autres pays, sur l'heure, son œuvre deviendra populaire. Les dames la célèbreront, les pages en riront. On la lira dans les salons et dans les antichambres, et elle ensevelira dans l'oubli les folles aventures chevalereques : oubli aussi rapide et aussi complet que leur gloire et leur renom furent bruyants.

Après avoir circulé aux mains de tout le monde, les livres de chevalerie devinrent un objet de curiosité. Leurs auteurs étaient contemporains de Herrera, de Mendoza, et des Luis.

Qui se souvient aujourd'hui de ces féconds romanciers si goûtés de leur époque? Qui sait, à ne pas le chercher tout exprès dans un manuel de littérature, le nom de l'auteur du *Don Cirongilio de Tracia*?

Il ne m'est pas possible de croire — quoiqu'en dise la critique transcendentale — que Cervantès, lorsqu'il écrivit le *Don Quichotte*, ne voulut réellement pas attaquer les livres de chevalerie, et tuer en eux une littérature exotique qui enlevait à notre littérature naturelle toute la faveur du public.

Et je le crois ainsi, tout d'abord, parce que si la littérature chevaleresque n'eût pas atteint un développement et une prépondérance alarmante, Cervantès, en la combattant, procéderait comme son héros, prendrait des moutons pour des armées, et se battrait avec des moulins à vent. Je le crois ensuite, parce qu'en jugeant par analogie, je comprends bien que si un réaliste contemporain possédait le talent étonnant de Cervantès, il l'emploierait à écrire quelque chose contre le genre idéaliste, sentimental et ennuyeux qui jouit aujourd'hui de la faveur de la foule, comme les livres de chevalerie au temps de Cervantès.

D'autre part, il est clair que le *Don Quichotte* n'est pas une pure satire littéraire. N'est-ce pas ce qu'on a écrit de plus grand et de plus beau en fait de roman ?

Le principal mérite littéraire de Cervantès, — en laissant à part la valeur intrinsèque du *Don Quichotte* comme œuvre d'art, — c'est qu'il renoue la tradition nationale, en remplaçant la conception de l'Amadis étranger et aussi chimérique qu'Artus ou Roland, par un type réel comme notre héros castillan, le Cid Rodrigo Diaz. Tout en se montrant toujours valeureux et noble, grand, courtois et chrétien, de même que le solitaire de la Roche-Pauvre, le Cid est en outre un être de chair et d'os ; il manifeste des affections, des passions et même des petitesses humaines ni plus ni moins que Don Quichotte. Je veux être enterrée avec eux mais pas avec l'interminable descendance des *Amadis*.

Cervantès n'inventa pas le roman réaliste espagnol, parce que ce roman existait déjà et qu'il était représenté par la *Célestine* (1), œuvre magistrale, plus romanesque encore que dramatique, quoique écrite sous forme de dialogue. Aucun homme, même quand il est doué du génie et de l'inspiration de Cervantès, n'invente un genre de toutes pièces : ce qu'il fait, c'est le déduire des antécédents littéraires.

Il n'importe. Le *Don Quichotte* et l'*Amadis* divisent en deux hémisphères notre littérature romanesque ; on peut reléguer dans l'hémisphère de l'*Amadis*, toutes les œuvres dans lesquelles l'imagination règne, et dans

---

(1) Il existe une traduction de Germond de Lavigne (collection Jannet-Picard).

celui de *Don Quichotte* celles dans lesquelles domine le caractère réaliste qui apparait dans les monuments les plus antiques des lettres espagnoles.

Dans le premier prennent donc place les innombrables livres de chevalerie, les romans pastoraux et allégoriques, sans en excepter même la *Galathée* et le *Persilès* de Cervantès.

Dans le second se rangent les romans *exemplaires* et picaresques : le *Lazarillo* (1), le *Grand Tacaño* (2), *Marcos de Obregon*, *Guzman de Alfarache*, les tableaux pleins de couleur et de lumière de la *Gitanilla*, l'humoristique *Dialogue des Chiens* (3), le *Diable boiteux* de Guevara ; le gentil conte des *Trois maris trompés* et... que citer ? quand finirons-nous de nommer tant d'œuvres magistrales de grâce, d'observation, d'habileté, d'esprit, de désinvolture, de vie, de

---

(1) Traduction Pelletier (Plon).
(2) Traduction Germond de Lavigne (collection Jannet-Picard).
(3) Nouvelles exemplaires, trad. Viardot (Hachette).

style et de profondeur morale? Tandis que chaque jour le terrain de l'idéalisme se perd, s'engloutit à chaque heure davantage dans les nuages de l'oubli, le terrain du réalisme embelli par le temps comme il arrive pour les toiles de Velazquez et de Murillo, suffit pour rendre sans égal dans le monde le passé de notre littérature.

Cette courte excursion dans le champ du roman, depuis sa naissance jusqu'à l'aurore des temps modernes, qui l'ont tant enrichi et tant métamorphosé, nous enseigne combien le goût est changeant et combien les époques forment les littératures à leur image.

Quelle différence, par exemple, entre ces trois œuvres, *Daphnis et Chloé*, *Amadis de Gaule* et *le Grand Tacaño !*

Je me représente *Daphnis et Chloé* comme un bas-relief païen ciselé non dans le pur marbre, mais dans l'albâtre le plus fin. Le jeune berger et la jeune bergère se détachent sur le fond d'une grotte rustique où se dresse l'autel des nymphes entouré de fleurs. A leur côté bondit une chèvre, et la panetière est par terre, avec la houlette, et les outres pleines de lait frais.

Le dessin est élégant, sans vigueur ni sévérité, mais non sans une certaine grâce et une mollesse raffinée qui plaît doucement aux yeux.

Amadis, c'est une tapisserie dont les figures se prolongent plus grandes que la grandeur naturelle. Le paladin armé de pied en cap, prend congé de la dame dont une large jupe cache les pieds et dont la main délicate tient une fleur. Çà et là, entre les couleurs éteintes de la tapisserie, les lys d'or et d'argent resplendissent. Au fond il y a une ville aux édifices quadrangulaires, symétriques, comme on les peint dans les manuscrits.

Enfin, *le Grand Tacaño*, c'est comme une peinture de la meilleure époque de l'école espagnole. Ce fut sans doute Velazquez qui détacha de la toile la figure de parchemin, le taciturne visage du *Domine* Cabra; seul Velazquez pouvait donner un semblable clair-obscur à la vieille soutane, au visage jauni, au pauvre ameublement de l'avare. Quelle lumière! quelles ombres! quels violents contrastes! quel pinceau courageux, franc, naturel et comique à la fois!

Daphnis et Chloé, *Amadis* n'ont que la vie de l'art, *le Grand Tacaño* vit dans l'art et dans la réalité.

IV

SOMMAIRE

Rabelais. — Les conteurs gaulois. — La crise de préciosité. — Mlle de Scudéry. — Scarron. — Le Gil Blas. *—* Manon Lescaut. *— Rousseau et Bernardin de Saint-Pierre. — Les romanciers de l'Encyclopédie. — Voltaire et Diderot.*

IV

La passion du roman a éclaté chez nous bien plus tôt que chez les Français. Nous étions déjà las de produire des histoires chevaleresques, le genre picaresque et pastoral florissait sur notre Parnasse, qu'eux ne possédaient pas un pauvre livre de littérature légère en prose, si l'on fait exception de quelques nouvelles.

Cependant, quand, dans leurs traités de littérature, nos voisins arrivent au XVIᵉ siècle, ils u'oublient jamais de dire qu'ils eurent alors aussi leur Cervantès.

Voyons quel il fut.

Possédé de l'ivresse des lettres antiques qui caractérisait la Renaissance, certain moine franciscain, fils d'un aubergiste de Tours, s'adonna à l'étude du grec, et négligea complètement les devoirs de sa règle. Jour et nuit, il était enfermé dans sa cellule avec un compagnon, et au lieu de matines, tous deux récitaient des morceaux de Lucien ou d'Aristophane.

Surpris par le père supérieur, il leur fut imposé une pénitence, et l'on conte, — bien que les historiens ne le donnent pas comme chose certaine, — que, dès cette heure, le moine humaniste révolutionna le couvent par mille farces diaboliques, ni honorables, ni propres, jusqu'à ce qu'enfin il réussît à s'échapper, à abandonner le cloître et à s'en aller par le monde vivre à sa guise.

Il fut successivement moine bénédictin, médecin, astronome, bibliothécaire, secrétaire d'ambassade, romancier et enfin curé de paroisse.

Il étudia et pratiqua toutes les sciences et toutes les langues. Pour la première fois, en France, il disséqua un cadavre humain. Il satirisa les religieux, la magistrature, l'université, les protestants, les rois, les pontifes, Rome ; et tout cela sans souffrir de bien cruelles persécutions. Il mourut en paix, grâce à la protection du pape Clément VII, tandis que Calvin l'eût fait griller de bon gré, et que le poëte Ronsard écrivait son épitaphe, en priant le passant de verser sur la tombe du moine en rupture de cloître des cervelas, des jambons et du vin qui lui seraient beaucoup plus agréables que de frais bouquets de lys.

Eh bien ! cet homme singulier, ayant publié des livres scientifiques et ayant vu que personne ne les achetait, eut l'idée d'inculquer au public les mêmes connaissances, mais d'une manière telle qu'elles le divertissent et qu'il les absorbât sans s'en apercevoir. Pour cela, il composa une satire démesurée, extravagante et bouffonne, un intermède colossal dont il vendit plus d'exemplaires en deux mois qu'il ne se vendait de Bibles en neuf ans. Et cette estimation n'est pas à dédaigner, parce qu'en ces temps de protestantisme militant on lisait fort la Bible.

L'auteur compare l'épopée burlesque de Gargantua et de Pantagruel à un os qu'il faut ronger pour mettre à nu la moelle substantielle : l'os, il est vrai, a une moelle savoureuse, mais aussi de la graisse, du sang et des peaux qu'il faut laisser de côté. C'est un des livres les plus étranges et les plus hétérogènes que l'on connaisse : ici une maxime profonde, là une grossièreté indécente ; après l'exposition d'un admirable système d'éducation une aventure extravagante.

Pour comprendre l'esprit de l'affabulation, il suffit de dire que chaque fois que tète le héros, le gigantesque Pantagruel, il absorbe le lait de quatre mille six cents vaches.

Mettre en parallèle Rabelais avec Cervantès, c'est comparer Lucien de Samosate à Homère. Sans doute Rabelais est un savant, et Cervantès n'en est pas un, il me faut le dire au risque d'être excommunié par quelque Cervantiste. Mais l'érudition ne sauva pas entièrement Rabelais, comme son siècle, de la barbarie. Rabelais légua à sa patrie une œuvre difforme, et Cervantès une création achevée et sublime dans son genre. Nous pouvons louer la langue de Cervantès, les Français ne proposeront jamais pour modèle celle de Rabelais, malgré sa richesse, sa variété et son caractère pittoresque.

Rabelais ne forma pas une école de romanciers, comme l'auteur de *Don Quichotte*. Gargantua, ni Pantagruel ne sont à la rigueur des romans.

Dans la suite, une femme, la reine Marguerite de Navarre, eut bien plus d'imitateurs. Dans ce siècle où il n'y avait de pudibonds que les protestants, la savante princesse, voyageant en litière et mouillant sa plume dans l'encrier que sa camériste tenait sur ses genoux, brouillonna *l'Heptaméron*, série de contes joyeux dans le style de ceux de Micer Boccaccio.

Dans ce genre du conte court ou nouvelle, la France fut très féconde. Déjà, depuis le xvme siècle, on en connaissait une grande collection, les *Cent nouvelles nouvelles*. On contait d'abord de telles histoires de vive voix, et si elles avaient plu, on les imprimait ensuite.

Supérieures aux contes populaires, elles étaient inférieures aux romans proprement dits.

Nous autres, nous manquons de *nouvelles* ; la *nouvelle exemplaire*, quoique courte, a plus d'importance que la *nouvelle* française.

Les extrêmes se touchent : la France qui excella dans de pareils contes légers, produisit aussi les romans monumentaux en plusieurs volumes qui abondèrent au XVIIme siècle. Il était de mode, alors, d'imiter l'Espagne. Notre prépondérance politique avait imposé à l'Europe les costumes, les mœurs et la littérature de la Castille. Ce fut, dit-on, Antonio Perez, le fameux favori de Philippe II, qui importa à la cour de France où il s'était réfugié, notre cultisme, en même temps que le chevalier Marini, ce fléau des lettres italiennes, grand corrupteur du goût dans son pays, passait les Alpes pour infecter Paris.

Le salon de l'hôtel de Rambouillet se forma, où l'on causait avec un esprit apprêté, en quintessenciant le style, en raffinant à l'envi, et où pleuvaient des madrigaux, des acrostiches et toutes espèces de vers galants.

A l'exemple de cet hôtel fameux dans les annales de la littérature française, d'autres salons s'ouvrirent, présidés par les Précieuses, — qui n'étaient alors pas encore ridicules. Là aussi, le langage et les sentiments s'alambiquaient.

Produits et miroirs aussi de ces assemblées *sui generis* furent les romans interminables de La Calprenède, de Gomberville et de Mlle de Scudéry. Les héros de ces romans, tout en portant des noms grecs, turcs et romains, parlaient et sentaient comme des Français contemporains des Précieuses. Brutus écrivait des poulets parfumés à Lucrèce, et Horatius Coclès, épris de Clélie, contait à l'écho ses peines amoureuses. Dans *Clélie*, Mlle de Scudéry dressa la fameuse carte du *Tendre*, au travers duquel serpente le fleuve de l'*Affection*, où s'étend le lac de l'*Indifférence* : là sont situées les provinces de l'*Abandon* et de la *Perfidie*.

Si l'on considère que de pareils romans formaient huit à dix volumes de huit cents pages, mieux valait se plonger dans les livres de chevalerie, même au risque de se dessécher la cervelle comme l'ingénieux hidalgo.

Il est vrai que toutes les fictions romanesques du xviie siècle ne paraissent pas aujourd'hui aussi soporifiques. L'on supporte mieux les romans de Mme de Lafayette. *L'Astrée* de d'Urfé est une jolie pastorale. *Le Roman comique* de Scarron, imité de l'espagnol, a du coloris et des épisodes animés.

Nous, nous abandonnions la riche veine ouverte par Cervantès, tandis que les Français l'exploitaient fort à leur goût et en tiraient de l'or pur. Le Sage, peut-être le premier romancier français au xviiie siècle, se fit un manteau de roi en cousant des morceaux de la cape d'Espinel, de Guevara et de Mateo Aleman. Nous voulûmes bien disputer à la France le *Gil Blas* sur le visage et dans la tournure de qui nous lisions son origine castillane ; mais à qui la faute si nous sommes si négligents et si prodigues ? Nous alléguons vainement que le *Gil Blas* dût naître de ce côté des Pyrénées : les Français nous répondent que ce qu'il y a d'espagnol dans le *Gil Blas*, c'est l'extérieur, l'habit. Le caractère du héros, versatile et médiocre, est essentiellement Gaulois, et en cela, vive Dieu, ils ont raison ! Nos héros sont plus héros, nos picaros plus picaros que Gil Blas.

L'abbé Prévost, infatigable romancier, qui composa plus de deux cents volumes, oubliés aujourd'hui, réussit par hasard à en écrire un à qui il doit de figurer à côté de Le Sage. *Manon Lescaut* n'est que l'histoire succincte de deux coquins, un homme et une femme. Le

héros, le chevalier des Grieux, un tricheur de haute volée; l'héroïne, Manon, une courtisane de bas étage. L'originalité et l'attrait du livre sont qu'avec de tels antécédents, Manon et des Grieux captivent, intéressent jusqu'à arracher des larmes. Ce n'est point qu'il s'accomplisse chez les deux personnages quelqu'une de ces merveilleuses conversions ou *rédemptions par l'amour*, qu'inventent les écrivains contemporains; depuis Dumas, dans la *Dame aux Camélias*, jusqu'à Farina dans *Capelli Biondi* (1). Nullement. La courtisane meurt impénitente. A quoi donc l'histoire de Manon doit-elle son attrait singulier ? L'auteur nous le révèle :
« Ce n'est partout que peintures et sentiments, mais des peintures vraies et des sentiments naturels... Je ne dis rien du style de cet ouvrage : c'est la nature même qui écrit. »

L'impression que cause le petit volume de

---

(1) Ce roman de Farina a été traduit par Amélie Van Sousi de Borkenfeldt. (Bibliothèque Gilon).

Prévost est celle que produit un évènement arrivé, une analyse d'une passion faite par le patient. Un homme entre dans une église, s'agenouille aux pieds d'un confesseur et lui raconte sa vie sans omettre une circonstance, sans voiler ses bassesses ni ses fautes, sans cacher ses sentiments ni atténuer ses mauvaises actions. Cet homme est un grand pécheur, mais il a beaucoup aimé, il a été entraîné à pécher par des passions violentes, et le confesseur qui l'écoute sent couler une larme sur ses joues. C'est ce qui arrive à qui écoute en confession le chevalier des Grieux.

Que Rousseau est loin de posséder le naturel de l'abbé Prévost! Rousseau est idéaliste et moraliste. Prêcher, enseigner, réformer l'univers, tel est son but. Ses romans sont pleins de théories, de réflexions et de déclamations : vertu, sensibilité, amitié et tendresse y sont comme chez elles.

L'*Emile* surtout peut passer pour le type du

roman à thèse : l'art, l'intérêt de la fiction, la peinture des passions, tout y est secondaire : il s'agit de démontrer tout ce que l'auteur s'est proposé que le livre démontrât. Pénétré de l'excellence et des avantages de l'état sauvage et primitif, Rousseau défendit sa thèse jusqu'à donner envie de marcher à quatre pattes, disait spirituellement Voltaire, et il demanda que l'égalité fût appliquée d'une manière si illimitée que le fils du roi épousât la fille du bourreau.

Malheureuse idée qui fit bien des ravages dans le roman avec le temps. Je le note au passage et je poursuis.

A dire vrai, la morale de Rousseau était étrange. Tout en adorant la vertu, son héros, Saint-Preux séduisait une jeune fille dont les parents lui confiaient l'éducation. Cépendant, tout ce que l'on peut dire de la popularité et du succès des romans de Rousseau, serait insuffisant.

Rousseau exerça sur son époque l'influence décisive qu'obtiennent les écrivains, s'ils réussissent à s'ériger en moralistes. Les femmes l'idolâtrèrent ; les mères allaitèrent leurs enfants pour lui obéir ; les Julies et les Emiles pullulèrent. Certaines contrées du Nord voulurent le prendre pour législateur ; la Convention mit en pratique ses théories ; et le torrent de la Révolution courut dans le lit de ses idées. Nous ne recherchons pas ici si tout cela fut de la vraie gloire : il est évident que ce ne fut pas de la gloire littéraire. Comme romancier, l'abbé Prévost vaut davantage.

Le mérite littéraire qu'on ne peut dénier à Rousseau, c'est celui d'introduire des méthodes nouvelles dans la langue française, desséchée par la plume corrosive et incisive de Voltaire. Rousseau sut voir le paysage et la nature et les décrire en pages éloquentes et belles. *Paul et Virginie* sont la seconde partie de l'*Héloïse*.

Bernardin de Saint-Pierre fit en même temps une application des procédés artistiques et des théories anti-sociales de son modèle Rousseau, quand il choisit pour théâtre de son poème un pays vierge, un monde à demi sauvage et désert, et pour héros, deux êtres jeunes et candides, point contagionnés par la civilisation et qui meurent à son contact, comme la sensitive des tropiques languit quand la main de l'homme la touche.

Voltaire contait mieux que Rousseau. Ses *Contes* en prose sont la variété même. Il n'est pas possible d'y indiquer la plus légère erreur grammaticale. On y trouve le respect le plus profond, la plus complète intuition de ce qu'on appelle le génie d'un idiome. Mais aussi, on y remarque cette pauvreté d'imagination, cette absence d'émotion, cette lumière sans chaleur et ce cœur sec et contracté, froncé, comme une noix rance, qui est l'éternelle infériorité de l'auteur de *Candide*. Voltaire *conte* : il ne lui est pas possible d'écrire un roman. Il faut au romancier plus de sympathie pour l'humanité et une âme moins étroite.

Diderot réunit de meilleures qualités de romancier. Voltaire sait de la littérature, mais Diderot est artiste, un artiste qui peint avec la plume. Il commence la série des écrivains coloristes de la France. Avant personne, il emploie des phrases qui copient et reproduisent la sensation, et c'est pour cela que des stylistes contemporains consommés le reconnaissent comme leur maître et lui donnent ce nom.

Ses théories esthétiques, nouvelles et audacieuses alors, contenaient déjà le réalisme. Dans ses romans la réalité palpite. C'est grand dommage qu'obéissant au goût de son époque, il les ait semés de passages licencieux absolument inutiles.

On ne peut comparer ses facultés à celles d'aucun écrivain de son temps. Lisez, si vous en doutez, *le Neveu de Rameau,* trésor d'originalité ; lisez même *la Religieuse*, en ne voulant pas voir les taches d'impudeur qui l'enlaidissent et le pamphlet contre les vœux perpétuels que le terrible *libertin* ne sut point omettre. Vous aurez sous les yeux un livre très intéressant, d'un intérêt délicat, sans aventures ni incidents extraordinaires, sans galants ni amourettes de grilles, attrayant par le seul combat intérieur d'une âme et la vigoureuse étude d'un caractère.

Diderot écrivit *la Religieuse* en feignant que ce fussent les mémoires d'une jeune fille, obligée par sa famille à devenir religieuse sans vocation, et qui, après mille luttes, s'échappe du cloître. Il adressa son manuscrit au marquis de Croismare, grand philanthrope, comme si l'infortunée implorait son secours. Le marquis, trompé par l'admirable naturel du récit, s'empressa d'envoyer de l'argent et d'offrir sa protection à l'héroïne imaginaire de Diderot.

Avec ces romanciers de l'Encyclopédie, nous

sommes arrivés à un moment critique. La Révolution commence et tant que dure sa terrible secousse, personne n'écrit de romans, mais tout le monde se trouve exposé à en voir de fort dramatiques.

V

SOMMAIRE

Le roman-Empire : Pigault-Lebrun. — Mme de Staël. — Châteaubriand. — Lamartine et Victor Hugo. — Dumas père. — Eugène Sue. — George Sand.

V

La Terreur passa. Les Lettres, qui étaient montées sur l'échafaud avec André Chénier, revinrent à elles, blêmes encore d'effroi.

Pigault-Lebrun fut le Boccace de cette époque hasardeuse, un Boccace aussi inférieur au Boccace italien, que l'étoupe à la batiste.

Fiévée, narrateur agréable, amusa le public avec des historiettes, et Ducray-Duminil conta à la jeunesse des évènements pathétiques, des romans où la vertu persécutée triomphait toujours en dernier ressort. De la plume de Mme de Genlis jaillit un jet continu, égal et monotone, de récits d'une tendance pédagogico-morale. Illuminée et prophétesse, Mme de Krüdener visa plus haut en écrivant *Valérie*.

Cependant, la figure principale qui domine ces figures secondaires, parmi lesquelles il en est tant de féminines, est une autre femme d'une culture prodigieuse et d'une intelligence élevée, philosophe, historien, talent viril, s'il en fut, — la baronne de Staël.

Avant d'écrire des romans, la fille de Necker s'était essayée à des œuvres sérieuses et profondes. Sa *Corinne* et sa *Delphine* furent pour elle comme un délassement de graves travaux, ou pour mieux dire, comme des expansions lyriques, des valvules qu'elle ouvrit pour épancher son cœur, dont les passions ardentes ne démentaient point son sexe. Elle fut elle-même l'héroïne de ses romans, et fonda ainsi, en rompant avec la tradition de l'impersonnalité des narrateurs et des conteurs, la nouvelle idéaliste introspective.

Delphine et *Corinne* obtinrent tant de succès et eurent tant de lecteurs, que l'on croit même que Napoléon ne dédaigna pas de critiquer dans son style césarien, et par un article anonyme inséré dans le *Moniteur*, les productions romanesques de sa terrible adversaire.

En même temps qu'elle traçait au roman la voie qu'il a depuis tant de fois parcourue, Mme de Staël découvrit une mine exploitée bientôt par le romantisme, en faisant connaître dans son magnifique livre *De l'Allemagne*, les richesses de la littérature germanique, romantique déjà, et qui, depuis, vint agir sur celle des pays latins.

Il est à remarquer que les Encyclopédistes,

et Voltaire plus que personne, tandis qu'ils préparaient la révolution sociale en attaquant à outrance l'ancien régime et en le minant de toutes parts, s'étaient montrés en littérature conservateurs et pacifiques jusqu'à l'abus, et avaient respecté superstitieusement les règles classiques. Comme si le Classicisme, à sa dernière heure, eût voulu se parer d'une jeunesse nouvelle et d'une forme enchanteresse, il s'incarna dans André Chénier, le poète le plus grec et le plus classique qu'ait jamais eu la France, en même temps que le premier lyrique du XVIIIe siècle. De sorte que, même quand Diderot réclama la vérité sur la scène et dans le roman, et quand Rousseau fit fleurir dans sa prose le lyrisme romantique, les lettres demeurèrent stationnaires. Elles furent classiques durant la Révolution et les premières années de l'Empire, jusqu'à ce que vinssent Mme de Staël et Châteaubriand.

Jeune fille, Mme de Staël lisait assidûment

Rousseau ; le jeune émigré breton qui lui dispute la souveraineté de cette période était aussi disciple du Genévois, et disciple plus fidèle, parce que, tandis que Mme de Staël se montra assez indifférente à la nature, muse de l'auteur des *Confessions*, Châteaubriand se précipitait en Amérique par désir de connaître et de chanter un paysage vierge, de décrire avec plus de poésie que son maître les magnificences des bois, des rivières et des montagnes. De ce but même, que le poète s'était choisi plus que le romancier, il résulta que les romans de Châteaubriand furent plutôt des poèmes qu'autre chose.

Châteaubriand, au moins, s'étudiait lui-même et étudiait la société dans laquelle il vécut. Non pas que *René* laissât de s'idéaliser en montant sur le piédestal de son orgueil maladif, en se perdant dans une mélancolie nuageuse et en s'isolant ainsi du reste des humains.

Ses contemporains firent de Châteaubriand un demi-dieu. La génération présente le dédaigne avec excès en oubliant ses mérites d'artiste. *René* n'est pas inférieur à *Werther* de Gœthe, comme analyse d'une noble maladie, la souffrance vague et sans borne des âmes de notre siècle. On ne peut imputer le discrédit chaque jour plus grand de Châteaubriand qu'à nos exigences toujours croissantes de réalité artistique.

En effet, tous ceux qui voulurent chercher la beauté hors des voies de la vérité, partagent le sort de l'illustre auteur des *Martyrs*. L'indifférence générale met de côté leurs œuvres, sinon leurs noms.

Que servit à Lamartine son onction, sa douceur, son instinct de compositeur mélodiste, son imagination de poète, tant de qualités éminentes? Quelqu'un lit-il aujourd'hui ses romans? D'aucuns s'enthousiasment-ils de *Raphaël* le platonique et le panthéiste, d'aucuns pleurent-ils les chagrins et l'abandon de *Graziella*? Quelqu'un peut-il supporter *Geneviève*?

Si les romans de Victor Hugo n'ont pas autant perdu que ceux de Châteaubriand et de Lamartine, cela vient peut-être de ce qu'ils sont plus objectifs ; des problèmes sociaux qu'ils posent et qu'ils résolvent, quoique d'une manière apocalyptique ; du vif intérêt romanesque qu'ils savent éveiller, et d'un certain réalisme... que le grand poète nous pardonne ! à gros coup de pinceau, qui, en dépit de l'esthétique idéaliste de l'auteur, se fait jour ici ou là. Et je dis *à gros coups de pinceau*, parce que personne n'ignore que, pour Victor Hugo, les touches d'effet sont plus faciles que les coups de pinceau discrets et suaves ; aussi son réalisme est-il d'un effet puissant, mais pas si habile qu'on n'en voie la filandre.

En somme, Victor Hugo prend de la vérité tout ce qui peut frapper l'imagination et l'asservir : par exemple, le souffle par le nez avec lequel le galérien Jean Valjean éteint la lumière chez Monseigneur Bienvenu. Ce qui tend uniquement à produire une impression de réalité, Victor Hugo ne sait ou ne veut pas l'observer. En juste châtiment de ce défaut, ses romans tendent à devenir sinon aussi fanés que ceux de Châteaubriand et de Lamartine, du moins un peu anémiques. Pour qu'ils produisent de l'illusion, il faut maintenant les regarder avec la lumière artificielle.

Du reste, ni Châteaubriand, ni Victor Hugo, ni Lamartine ne firent du roman un article de consommation générale, fabriqué au goût du consommateur. Cette entreprise industrielle était réservée à Dumas, mulâtre que rien n'arrêtait ni n'effrayait, avocat des feuilletons, à l'intercession duquel se recommandent encore tant d'écrivains corrupteurs.

Etrange figure littéraire que celle de l'auteur de *Monte-Cristo* !! Il a fourni de la besogne à qui se proposerait de lire toutes ses œuvres. Si l'immortalité d'un auteur se mesurait à la quantité de volumes qu'il a livrés à l'impression, Alexandre Dumas père serait le premier écrivain de notre époque. S'il est bien démontré que Dumas fut à la fois un romancier, et la raison sociale d'une fabrique de romans conformes aux derniers progrès, où beaucoup, comme le blanc et le carmin de la doña Elvira du sonnet, n'étaient à lui que parce qu'il les achetait ; s'il est certain que l'on a prouvé irréfutablement l'impossibilité physique d'écrire autant qu'il publiait ; si quand il eut un procès avec les directeurs de la *Presse* et du *Constitutionnel*, ceux-ci établirent que, sans préjudice de ses autres travaux, il s'était engagé à leur donner chaque année un plus grand nombre de pages que n'en peut écrire le copiste le plus diligent ; s'il est prouvé que non-seulement il contractait et tenait tous ses engagements, mais qu'il voyageait, vivait dans le monde, fréquentait les coulisses des théâtres et les rédactions de journaux, qu'il s'occupait de politique et de galanterie, il est encore admirable qu'il ait pu écrire la quantité prodigieuse de livres qui lui appartiennent sans contestation possible, lire et retoucher les livres d'autrui, qui devaient voir le jour poinçonnés de son nom.

Il avait beau avoir des seconds pour l'aider à porter le poids de la production, Dumas était néanmoins très fécond. Un théâtre fut fondé uniquement pour représenter ses œuvres, un journal uniquement pour publier en feuilletons ses romans, puisque les éditeurs n'arrivaient pas à les imprimer en volumes.

Dans l'immense océan de récits romanesques qu'il nous a laissés, surabonde le genre pseudo-historique, sorte de romans de chevalerie adaptés au goût moderne. Alexandre Dumas appelait l'histoire un clou auquel il suspendait ses tableaux ; et parfois il assurait qu'il était permis de la violer, pourvu que les bâtards naquissent viables. Pénétré de pareils axiomes, il traita, comme nous le savons tous, la vérité historique sans aucun égard.

Il est certain que Châteaubriand aussi avait substitué à l'érudition solide et à la critique sévère, son incomparable imagination, mais combien différemment ! Châteaubriand broda d'or et de perles la tunique de l'histoire ; Dumas l'habille d'un déguisement.

Malgré tout, il y a des qualités surprenantes chez Alexandre Dumas. Ce n'est point un petit mérite que de tant inventer, de produire avec un souffle aussi infatigable et de bercer délicieusement, — fût-ce avec d'invraisemblables balivernes, — une génération tout entière. Le don d'imaginer, nul ne l'a eu peut-être aussi puissamment qu'Alexandre Dumas, quoique d'autres l'aient possédé de qualité meilleure et plus exquise. Car, en imagination comme en tout, il y a des degrés. Et réellement, Alexandre Dumas est le type de la littérature secondaire, pas précisément basse, mais pas comparable non plus à celle que créent de grands écrivains avec lesquels l'auteur des *Mousquetaires* ne peut se mesurer.

Littérairement, Dumas est médiocre. De là son succès et sa popularité. Dumas était à l'altitude exacte du plus grand nombre des intelligences. Si sa forme eût été plus choisie et plus élégante, ou sa personnalité plus caractérisée, ou ses idées plus originales, il n'eût plus été à la portée de tout le monde.

Son roman est donc le roman par antonomase, le roman que lit le premier venu quand il s'ennuie et qu'il ne sait comment tuer le temps, le roman par souscription, le roman qui se prête comme un parapluie, le roman qu'un atelier entier de modistes lit à tour de rôle ; le roman qui a les marges graisseuses et les feuilles froissées ; le roman mal imprimé, suite de feuilletons collectionnés ; avec des gravures mélodramatiques et de mauvais ton ; le roman le plus anti-littéraire dans le fond, où en somme l'art a l'importance d'un fétu, où l'intérêt unique est de savoir comment l'auteur terminera et comment il s'arrangera pour sauver tel personnage ou en tuer tel autre.

Aujourd'hui, quand on voit l'énorme bibliothèque des œuvres de Dumas, on ne sait si l'on doit s'étonner davantage de leurs dimensions ou de leur peu de consistance.

De ses douze cents volumes, l'abbé Prévost réussit à en sauver un seul qui l'immortalise. Dix ou douze ans après la mort de Dumas, nous nous demandons si quelqu'une de ses œuvres passera à la postérité.

Le rival de Dumas, l'inventif et non moins fécond Eugène Sue, n'est pas moins miné. Chez celui-ci, l'on trouvait la corde socialiste, populacière et humanitaire. Touchée habilement, elle obtint des triomphes aussi brillants qu'éphémères. Cependant, Sue était plus artiste que Dumas; il donna plus de relief à ses créations. Son imagination riche et intense évoquait avec une force supérieure.

Si cette faculté atteignit chez quelqu'un ce degré de puissance où elle poétise et transforme tout, et sans remplacer la vérité, en compense l'absence, ce fut chez George Sand.

George Sand est le sculpteur inspiré du roman idéaliste; à côté d'elle, Alexandre Dumas, Sue même, ne sont que des potiers.

Grand producteur comme ses rivaux, elle reçut en outre du ciel les dons littéraires, grâce auxquels elle fut l'unique compétiteur digne de Balzac, comme Mme de Staël l'avait été de Châteaubriand. Son génie était de ceux qui font école et tracent un sillon resplendissant et profond.

Aujourd'hui nous pouvons juger avec sérénité l'illustre androgyne, parce que, quoique nous soyons presque ses contemporains, nous n'avons pas assisté à la période militante de ses œuvres. Nos pères connurent George Sand au milieu de ses aventures et de sa vie de bohème; ils furent scandalisés par la propagande anti-conjugale et anti-sociale de ses premiers livres. Aujourd'hui, dans le vaste ensemble des écrits de George Sand, — ces livres, forme première de son talent flexible et changeant, — sont un détail, digne sans doute qu'on en tienne compte, mais qui ne nuit nullement au mérite du reste. D'autant plus que le goût a changé et que l'on croit actuellement que ses romans champêtres, — géorgiques modernes, — dignes qu'on les compare à celles du poète de Mantoue, — sont la meilleure œuvre de l'auteur de *Mauprat*.

Qu'importe les théories philosophiques aussi extravagantes que fragiles de George Sand? Latouche a dit d'elle, sans aucune courtoisie, qu'elle était un écho qui grossissait la voix; et, ma foi, il ne se trompait point en ce qui est de la pensée, car George Sand dogmatisait toujours pour le compte d'autrui. Mais l'illustre écrivain ne doit rien à personne.

Aujourd'hui sa philosophie est aussi dangereuse pour la société et la famille qu'une lanterne magique ou qu'un kaléidoscope. *Valentine, Lélia, Indiana* ne nous persuadent rien du tout ; leur but doctrinaire ou révolutionnaire demeure inoffensif. Ce qui reste inaltérable, c'est le style pur et majestueux, la fraîche imagination de l'auteur.

Dans toute la littérature idéaliste que nous passons en revue l'imagination domine, plus ou moins puissante, plus ou moins choisie, mais toujours comme faculté souveraine. Nous pouvons dire qu'elle est la caractéristique de la période littéraire qui commence avec le siècle et dure jusqu'à 1850.

La décadence du genre paraît aussi indubitable. Nous ne parlons pas d'Alexandre Dumas et d'Eugène Sue, nous parlons seulement de George Sand qui vaut infiniment plus qu'eux. Ce qui arrive pour elle est la preuve manifeste que la littérature d'imagination est déjà un cadavre.

L'illustre romancier, d'un âge fort avancé, mourut il y a peu d'années, hier pour ainsi dire, en 1876, dans sa tranquille retraite de Nohant. Jusqu'au dernier jour de sa vie, elle écrivit ou publia des romans, où l'on ne remarquait ni infériorité ni décrépitude dans la composition et le style, mais où le coup de pouce du grand prosateur était toujours marqué. Eh bien! ces romans insérés dans la *Revue des Deux-Mondes* passaient inaperçus : nul n'y faisait attention.

Pour la génération actuelle, George Sand était morte, bien avant de descendre au tombeau.

Et pourquoi?

Tout simplement parce qu'elle était hors du mouvement littéraire actuel; qu'elle cultivait la littérature d'imagination, qui eut son temps et aujourd'hui n'est plus possible.

Ce n'est pas qu'on cessât de prononcer avec admiration le nom de George Sand; c'est qu'on considérait ses écrits comme on considère ceux d'un classique, d'un auteur qui appartient à un autre âge et ne vit plus dans le nôtre.

VI

SOMMAIRE

Les réalistes : Diderot. — Stendhal. — Sa langue. — Son insuccès de son vivant. Ses deux romans. — Les inexactitudes de la critique. — Défauts et qualités de Stendhal. — Son élève Mérimée. — Balzac et Dumas. — La Comédie humaine *et la société sous Louis-Philippe. — Comment composait Balzac. — Balzac et Flaubert. — Balzac est un voyant. — Le style de Balzac.*

VI

Maintenant que les pères de l'église idéaliste nous sont connus, il nous importe de lier amitié avec ceux de l'école contraire.

Diderot est le patriarche de l'église réaliste. Tout le premier, il doua de vibration et de coloris la langue appauvrie du dix-huitième siècle.

Il fut l'avocat de la vérité dans l'art.

Henri-Marie Beyle (*Stendhal*), est, en ligne directe, le descendant de Diderot.

Avant d'écrire des romans, Stendhal fit de la critique et conta ses impressions de voyage; mais en aucun des genres divers qu'il cultiva, il n'aspirait à la gloire des lettres.

Il n'est rien qui ressemble moins à un écrivain de profession que Stendhal. Homme d'existence active, de fortunes diverses, peintre, militaire, employé, commerçant, auditeur au Conseil d'Etat, diplomate, il dut, peut-être, à la diversité même de ses professions, l'acuité d'observation et la connaissance de la vie qui distinguent les voyageurs littéraires comme Cervantès et Lesage, investigateurs curieux qui préfèrent aux livres poudreux des bibliothèques la grande Bible de la société.

Stendhal noircit du papier sans préméditation, ne prit pas de pseudonyme par coquetterie, mais pour mieux se cacher; ne se crut appelé ni à rien régénérer, ni à transformer le siècle par ses écrits. Il travailla en amateur, et certain jour, il demeura stupéfait en voyant un article louangeur que lui consacrait Balzac.

« Cet article étonnant, tel que jamais écrivain ne le reçut d'un autre, je l'ai lu en éclatant de rire, disait-il. Toutes les fois que j'arrivais à une louange un peu forte, je voyais la mine que feraient mes amis en la lisant. »

Simple dans la forme, quoique très raffiné et très subtil dans le fond, il employait la langue sobre des Encyclopédistes, avec plus de négligence et d'incorrections qu'ils ne s'en permirent ; et, quoique contaminé de romantisme durant ses premières années, il n'accepta jamais les parures et les atours de la prose romantique. Tout au contraire, afin de manifester son dédain pour le style fleuri, il affirmait qu'en s'asseyant devant sa table il avait bien soin de se mettre sur le cœur une page du code.

Grâce à cette originalité même, Stendhal, vivant, eut peu de lecteurs et moins encore d'admirateurs. La resplendeur des étoiles romantiques remplissait alors le firmament. Deux lustres encore après la mort de Stendhal, survenue en 1842, ses œuvres n'avaient pas commencé à appeler l'attention. Il n'a écrit que dix-huit livres, et sa réputation d'écrivain réaliste ne s'appuie que sur deux romans.

La *Chartreuse de Parme* décrit une petite cour, un duché italien, où s'ourdissent des intrigues machiavéliques et où l'amour et l'ambition déchaînent tout leur orchestre, comme une tempête dans le lac de Côme.

Le Rouge et le Noir étudie cette première époque de la Restauration française où l'influence religioso-aristocratique succéda au pouvoir militaire de Napoléon, — idole de Stendhal.

On a prononcé des jugements fort différents sur le mérite de ces deux livres.

Sainte-Beuve, tout en déclarant que ce ne sont point des romans vulgaires, qu'ils suggèrent des idées et ouvrent des voies, les qualifie cependant de *détestables*, arrêt bien radical pour un critique aussi éclectique.

Taine les admire au point d'appeler Stendhal un grand idéologue et le premier psychologue de son siècle.

Balzac se déclare incapable d'écrire quelque chose d'aussi beau que la *Chartreuse de Parme*.

Ce roman et les autres œuvres de Stendhal irritent Caro à ce point qu'il va jusqu'à injurier l'auteur.

Zola, en reconnaissant en lui le successeur de Diderot et en l'élevant jusqu'aux nues, nie la réalité complète de ses personnages ; ce ne sont, à son avis, pas des hommes de chair et d'os, mais des systèmes cérébraux compliqués, qui fonctionnent à part, indépendants des autres organes.

Il y a quelque chose de vrai dans des opinions si opposées.

Si l'on considère le procédé artistique, Sainte-Beuve est dans le vrai. Le roman de Stendhal a toutes les imperfections.

Il est écrit avec peu de grammaire, — comme Clemencin démontra que le fut le *Don Quichotte*. Le style n'en est pas seulement décharné, il est rocailleux. Il manque à ces romans l'unité, la cohésion, l'intérêt graduellement ménagé ; en somme les qualités qu'on apprécie ordinairement dans une œuvre littéraire.

Dans la *Chartreuse de Parme*, on pourrait, sans grave inconvénient, supprimer les deux tiers des personnages et la moitié des évènements.

Dans le *Rouge et le Noir* il serait fort à propos que le roman se terminât au premier volume : il pourrait aussi finir au milieu du second.

Quant à l'élégance, à la proportion et à l'habileté de la composition, Mérimée, son élève, est fort au-dessus de Stendhal.

Zola ne se trompe pas non plus quand il assure que les héros de Stendhal raisonnent trop. Oui, parfois sans doute, il y a trop de raisonnement dans ses livres.

Julien Sorel, au retour d'un duel où il a reçu une balle dans le bras, raisonne fort tranquillement sur le commerce des gens de haut bord, sur l'agrément ou l'ennui de leurs entretiens et sur d'autres sujets du même genre. Il ne le fait pas à haute voix et pour se montrer maître de soi, ce qui alors serait naturel, il le fait simplement pour son bonnet. N'importe qui songerait à sa blessure pour si peu de mal qu'elle fît.

Zola, cependant, en reconnaissant ces taches, s'accorde avec Taine pour déclarer que Stendhal est un profond psychologue. Ce que le chef du Naturalisme français n'a pas avoué, c'est que la valeur des triomphes de Stendhal consiste précisément dans la nature du terrain sur lequel il les remporte.

Stendhal analyse et dissèque l'âme humaine, et quoique Zola n'en convienne pas, qui réussit dans ce genre d'études, occupe un haut rang dans les lettres. C'est comme le dissecteur qui travaille dans les parties les plus délicates, les plus secrètes de l'organisme, nécessaires pour la vie ; ou comme le chirurgien qui opère sur des tissus qu'il ne voit pas, pleins de veines, d'artères et de nerfs.

Copiste de la nature extérieure, à l'influence de laquelle il attribue les déterminations de la volonté, Zola met systématiquement au second plan cet ordre de vérités qui ne sont pas à fleur de réalité, pas incrustées, disons-le ainsi, dans les entrailles du réel, et qui ne peuvent être par cela même découvertes que par des yeux perspicaces et de très fins scalpels.

Ce n'est pas que Zola ne soit pas psychologue, mais il l'est à la Condillac ; il nie la spontanéité de l'âme ; aussi la méthode antérioriste de Stendhal ne le satisfait-elle pas pleinement. Or, Stendhal n'a d'autres titres à la gloire qui dore déjà son tombeau que cette lucidité de psychologue réaliste, qui nous présente une âme nue, en nous captivant par le spectacle multiple et varié de la vie spirituelle, spectacle aussi intéressant ou plus intéressant, que Zola en dise ce qu'il voudra, que celui des Halles dans le *Ventre de Paris*... et comptez que ce grand *bodegon* de Zola est admirable !

En résumé, Stendhal rachète ses défauts nombreux et indéniables par la haute valeur philosophique de ses beautés, et ses œuvres sont comme de riches joyaux de diamants montés et sertis sans nul goût.

Les hasards de la gloire littéraire sont étranges. Avec ce petit patrimoine de deux romans, Stendhal réussit à voir son nom, comme initiateur réaliste et naturaliste, uni aujourd'hui à celui de Balzac qui fut un Titan, un Cyclope, un infatigable forgeron de livres.

Et notez que si Stendhal était indifférent à la célébrité, Balzac y aspirait de toutes les forces de son âme. Il l'obtint surtout hors de son pays, en Italie, en Suède, en Russie, mais pas si grande que des rivaux comme Dumas et Sue ne pussent lutter avantageusement avec lui, et lui disputer honneur et profit.

Tandis que Dumas pouvait gaspiller en folies des fortunes gagnées par sa plume de romancier, Balzac luttait corps à corps avec la misère, sans atteindre jamais un état de fortune moyen. Pour comble de douleur, la critique l'attaquait avec acharnement.

La vie de Balzac est sans aventures romanesques. Son histoire se réduit à travailler et à travailler toujours, pour satisfaire ses créanciers et se créer une fortune indépendante. Il écrivit sans relâche, sans terme, passant les nuits blanches, produisant parfois un roman en dix heures, et tout cela en vain, sans réussir à se délivrer de ses obligations urgentes et angoisseuses, sans pouvoir disposer d'un liard. Tous ceux qui écrivent aujourd'hui sur Balzac disent avec raison que l'explication et la clé de ses œuvres sont tout entières dans ce genre de vie.

Balzac se proposa d'écrire une étude complète et encyclopédique des mœurs et de la société moderne, considérée sous tous ses aspects. Il se déclara *docteur ès-sciences sociales*; il voulut créer la *Comédie humaine*, résumé caractéristique de notre époque, comme le poème de Dante fut le résumé du moyen-âge. Chacun de ses romans est un chant.

Dans une si vaste épopée, toutes les classes furent représentées et toutes les transformations politiques trouvèrent en lui un peintre fidèle. Balzac peignit en pied l'Empire, la Restauration, la Monarchie de Juillet; il copia d'après nature, avec une incroyable fidélité, les physionomies de la noblesse légitimiste. Héros de la chouannerie vendéenne, gentillâtres vantards du Midi, hommes du juste-milieu orléaniste, soldats de l'Empire, clergé, paysans, différents types de la bohême littéraire et du journalisme, il les portraictura tous, conformément à son plan gigantesque, avec la vigueur d'un athlète et l'effort puissant d'un hercule.

Zola, qui sait parler éloquemment de Balzac, compare la *Comédie humaine* à un monument construit avec différents matériaux ; ici du marbre et de l'albâtre : là de la brique, du plâtre et du sable, le tout mêlé et confondu par la main fébrile d'un maçon qui est parfois un artiste remarquable. L'édifice combattu par les tempêtes est découronné ici et là ; les matériaux vils s'émiettent sur le sol, tandis que les colonnades de granit et de jaspe se dressent encore droites et belles. Il n'est pas de comparaison plus exacte.

Tout est dans le monument colossal érigé par Balzac. Même les colonnades de marbre que Zola admire, quoiqu'elles soient d'un beau plan et d'une qualité inestimable, sont élevées à la hâte, par des mains fébriles. Comment en pourrait-il être autrement ? Vu la manière de composer de Balzac, c'est ce qui devait arriver. Quand il s'enfermait dans sa chambre avec une rame de papier devant lui, il savait que sous quinze jours, une semaine, ou peut-être moins, son éditeur lui réclamerait la rame de manuscrit et que ses créanciers se présenteraient pour recevoir le prix en le lui arrachant des mains. Considérez l'état moral de Balzac quand il écrivait, et comparez-le, par exemple, à celui de son successeur Flaubert.

Pour composer un roman en un volume, Flaubert consultait cinq cents ouvrages, faisait six tomes d'extraits et mettait parfois huit années à l'écrire. Balzac produisit en quinze jours *César Birotteau*, une de ses meilleures œuvres, un portique de marbre.

On traduisait difficilement à l'imprimerie sa

copie, inintelligible, losangée de ratures, croisée, tachée, chaotique : Flaubert copiait dix à douze fois une page pour la perfectionner. Balzac, certes, ne prit jamais la peine de recopier. Il envoyait le brouillon à la composition, corrigeait sur épreuves, changeait des paragraphes entiers. Il ne lui était pas permis de s'arrêter à des détails.

Dès lors quoi d'étonnant à ce que ses créations soient inégales? Négligeons ses œuvres de jeunesse qui semblent plutôt celles de la sénilité et dans lesquelles il se montre si inférieur. Même dans la *Comédie humaine* on trouve des livres de valeur aussi différente qu'*Eugénie Grandet* et *Ferragus*, *la Cousine Bette* et les *Splendeurs et misères des Courtisanes*. La différence n'est pas seulement évidente entre romans et romans, mais entre les diverses parties d'un même livre. Parmi tant d'œuvres magistrales, il en est à peine une parfaite que l'on puisse proposer comme un modèle digne d'être imité, et cependant, dans presque toutes, il y a des beautés extraordinaires.

Ainsi, de même qu'il n'était pas possible, avec son mode spécial de créer, que Balzac ne consacrât à purifier et à diriger son abondante veine, à viser à la perfection, il n'était pas possible non plus qu'il procédât comme les réalistes contemporains qui prennent, tous et chacun des éléments de leurs œuvres, dans l'observation de la réalité : la vie entière n'eût point suffi à cela, Philarète Chasles a fort bien dit de Balzac que plus qu'observateur il était voyant ; il travaillait au vol en se servant de la vérité devinée et déduite, en la combinant dans ses écrits à la plus grande dose possible, mais en ne l'employant pas pure. Si l'inspiration amenait par la main la vérité, tant mieux ! Dans le cas opposé, il ne s'agissait pas de suspendre le travail commencé, ni, pour une vérification de renseignements, de renoncer au secours de l'imagination.

Chez Balzac, l'inspiration du réel est au-dessus de l'observation. Son esprit concentrait dans un foyer les rayons de lumière épars, sans prendre la peine de les compter ni de s'enquérir de leur provenance. L'intuition joue dans ses œuvres un rôle fort important. Où Balzac a-t-il appris les sciences sociales? Où a-t-il gagné son bonnet de docteur? Quand apprit-il la philologie, la médecine, la chimie, la jurisprudence, l'histoire, le blason, la théologie, toutes choses qu'il sait comme doit les savoir un artiste, sans érudition ni ignorance? On l'ignore.

Si parfois l'imagination l'entraîne, s'il trace d'invraisemblables portraits, par contre, quand il trouve la voie de la réalité, — ce qui arrive presque toujours, — il la suit et ne s'arrête point avant d'avoir dévidé tout l'écheveau. Le plus grand nombre de ses caractères sont des prodiges de vérité.

Ce qui reste gravé dans la mémoire, après

une lecture de Balzac, ce n'est pas le sujet de tel roman, ni le dramatique dénouement de cet autre, c'est, — don beaucoup plus précieux, — la figure, la démarche, la voix et la manière d'agir d'un personnage que nous voyons et que nous nous rappelons comme si c'était une personne vivante, comme si nous la connaissions et la fréquentions.

Les juges de Balzac censurent ordinairement son style.

Sainte-Beuve le qualifie « d'énervé, rosé et veiné de toutes les teintes, tout asiatique, plus brisé et plus amolli par places que le corps d'un moine antique. » S'il est vrai que la sobriété et l'harmonie lui font défaut, — Balzac ne les eut point, — par contre, le style de l'auteur d'*Eugénie Grandet* possède ce qui ne s'apprend ni ne s'imite : la vie.

Ses phrases respirent.

Leur couleur brillante et fastueuse les rend semblables à un riche émail oriental. Comme défaut, il a tous ceux qui manquent à Beyle : lyrisme, enflure, remplissage ; mais quelles beautés ! Quelles toiles de Titien et de Van Dick ! Quels intérieurs ! Quels portraits de femmes ! Quelles draperies et quelles chairs succulemment empâtées ! Walter Scott, que Balzac admirait et respectait si fort, a été plus diffus, sans être aussi heureux.

VII

SOMMAIRE

Flaubert. — La Genèse de Madame Bovary. — Le roman. — Le style de Flaubert. — L'amour de la phrase bien faite. — Salammbô. — La Tentation. — L'Education sentimentale. — Bouvard et Pécuchet. — Pessimisme et impassibilité.

VII

Entre Balzac et Flaubert, il y a la distance d'un géant à un homme.

L'auteur de la *Comédie humaine* rendit épique la réalité ; l'auteur de *Madame Bovary* nous la présente sous une face comico-dramatique. Il est des écrivains qui voient le monde reflété comme dans un miroir convexe, et, en conséquence, défiguré. Balzac le regarda avec un microscope qui, sans altérer la forme, augmentait les proportions; Flaubert le vit sans illusions d'optique, et je ne dis pas qu'il le contempla d'un œil serein, parce que la phrase me semble s'accorder mal avec le pessimisme que prêchent ses œuvres d'une manière indirecte, mais efficace.

De Flaubert, il n'y a pas lieu de se demander où et quand il apprit ce qu'il savait. Fils d'un médecin réputé, il se familiarisa de bonne heure avec les sciences naturelles, et quoique la position aisée de sa famille lui permît de ne faire choix d'aucune autre profession que de celle des lettres, il fut un étudiant à perpétuité, acquit une culture un peu hétérogène et capricieuse, mais considérable. Son ami Maxime Ducamp qui, dans un livre récent, les *Souvenirs littéraires*, communique au public tant et de si intéressants renseignements sur Flaubert, dit que, par sa prodigieuse mémoire et sa lecture immense, c'était un dictionnaire vivant que l'on pouvait feuilleter avec plaisir et avec profit.

Flaubert montra toujours de la prédilection pour un certain genre d'études qui n'attirent guère aujourd'hui que les intelligences raffinées et curieuses : l'apologétique chrétienne, l'histoire de l'Eglise, les Pères, les humanités. De si graves exercices intellectuels, unis à son culte ardent de la forme et à sa sagacité d'observateur implacable, firent de lui un artiste consommé, un classique moderne.

Flaubert écrivit moins de livres et quelques romans de plus que Stendhal.

Sa première œuvre, — un essai intitulé *Novembre*, qui ne fut pas imprimé, excepté, — est la *Tentation de saint Antoine*, espèce d'*auto-sacramental* semblable à l'Ahasvérus d'Edgar Quinet. Le saint voit défiler devant ses yeux éblouis, toutes les séductions de la chair et de l'esprit, tous les pièges que le démon peut tendre aux sens, au cœur et à l'intelligence, et, de la Reine de Saba aux Sphinx et à la Chimère, de la déesse Diane aux hérétiques Nicolaïtes, tous le troublent de leurs paroles ou de leur aspect.

Considérant l'œuvre au point de vue littéraire, les amis de Flaubert, quand il leur lut ce manuscrit, preuve évidente de sa rare érudition, émirent l'arrêt suivant :

« Tu as fait un angle dont les lignes divergentes s'écartent si bien qu'on les perd de vue ; une goutte d'eau mène au torrent, le torrent au fleuve, le fleuve au lac, le lac à l'océan, l'océan au déluge ; tu te noies, tu noies tes personnages, tu noies l'évènement, tu noies le lecteur, et ton œuvre est noyée. »

Puis, comme ils le voyaient consterné de ce verdict, ils lui conseillèrent d'entreprendre un autre travail, un livre où il peindrait la vie réelle et où le terre à terre même du sujet l'empêcherait de tomber dans l'abus du lyrisme,

— défaut qui, chez lui, était un héritage du romantisme. Flaubert suivit le conseil et écrivit *Madame Bovary*. Plus tard, il disait souvent à ses conseillers : « J'étais envahi par le cancer du lyrisme, vous m'avez opéré ; il n'était que temps, mais j'en ai crié de douleur. »

Flaubert eut à faire un grand pas de *La Tentation* à *Madame Bovary*. Ses connaissances variées et choisies, sa lecture assidue des théologiens, des mystiques et des philosophes se révélait dans la *Tentation*. Dans *Madame Bovary*, le décor est changé ! Nous ne sommes plus dans les déserts de l'Orient, mais à Yonville, gros village arriéré et misérable. Nous n'assistons pas aux luttes gigantesques du saint ascète contre les puissances de l'enfer, mais aux mésaventures domestiques d'un médicastre de campagne. Tout est vulgaire dans *Madame Bovary*, le sujet, le lieu de la scène, les personnages. Seul le talent de l'auteur est extraordinaire.

Emma Bovary est née dans les derniers rangs de la classe moyenne ; mais, dans l'élégante pension où elle fut élevée, elle coudoya des demoiselles riches et de haute famille. Les germes de la vanité, de la concupiscence et de la soif des plaisirs, — graves maladies de notre siècle, — s'accusèrent dès lors chez elle. Peu à peu ils se développent et dépravent l'âme de la jeune femme, mariée déjà et mère de famille. Passions sentimentales, habitudes de luxe incompatibles avec sa position modeste de femme d'un médecin de campagne, expédients et désordres de plus belle, compliquent de telle sorte sa situation que, quand ses créanciers la pressent, elle s'empoisonne avec de l'arsenic. Tel est le drame simple et terrible, pris dans la réalité, qui immortalise Flaubert.

Le sujet de *Madame Bovary*, — qui a été si blâmé et qui a soulevé un tel scandale, — fut suggéré à Flaubert, à ce que déclare Maxime Ducamp, par le hasard, qui évoqua dans sa mémoire le souvenir d'une malheureuse femme qui vécut et mourut comme son héroïne.

Je parlerai ailleurs de la haute importance d'œuvres sociales comme *Madame Bovary* et de sa signification morale, quand je toucherai à la délicate question de la moralité dans l'art littéraire.

Je me borne à faire remarquer maintenant que Flaubert accepta le premier sujet qui s'offrit à lui et qu'il lui eût été indifférent d'en traiter un autre.

Les histoires comme celle de Mme Bovary ne sont pas rares dans la vie, mais jusqu'à Flaubert nul ne les avait racontées. Balzac même, qui comprit si bien le pouvoir de l'argent dans notre société, ne démontra pas avec autant d'énergie que Flaubert la métallisation qui nous tourmente.

Un écrivain moins analyste eût poétisé Mme Bovary, en la faisant mourir écrasée sous le poids de ses déceptions amoureuses et de ses remords dévorants, et non sous celui de ses dettes vulgaires. Les pages dans lesquelles Mme Bovary, affolée et désespérée, implore en vain ses amants afin d'obtenir d'eux la somme nécessaire pour apaiser ses créanciers, sont l'étude la plus cruelle, la plus sincère et la plus magnifique, que l'on ait écrite sur la dureté des temps présents et la puissance de l'or.

Dans l'œuvre de Flaubert il n'y a pas seulement d'admirables la vigueur et la vérité des caractères ; c'est aussi un modèle de perfection littéraire.

Le style en est comme un lac limpide, au fond duquel on voit un lit de sable fin et doré ; comme une table de jaspe poli où il n'est pas possible de trouver le plus léger défaut. Jamais il ne faiblit ou ne s'affaisse ; nul détail ne manque ni n'est en trop. Nulle recherche. Il n'y a ni néologismes, ni archaïsmes, ni tours précieux, ni phrases parées et artificielles, encore moins de la négligence ou cette vague indécision de l'expression que l'on appelle en général le style fluide. C'est un style parfait, concis sans pauvreté, correct sans froideur, irréprochable sans purisme, ironique et naturel à la fois, et en somme, travaillé avec tant de courage et de limpidité qu'il sera bientôt classique, s'il ne l'est déjà.

Les descriptions dans *Madame Bovary* réalisent l'idéal du genre. Quoique Flaubert décrive beaucoup, il ne commet pas la faute de peindre pour peindre. S'il étudie ce que l'on appelle aujourd'hui le *milieu ambiant*, il ne le fait pas pour satisfaire un caprice d'artiste, ou pour parader en parlant de choses qu'il connaît bien, mais parce que le sujet ou les caractères exigent cette étude. Il possède un tact si spécial, qu'il ne décrit que le plus saillant, le plus caractéristique, et cela en peu de mots, sans abuser de l'adjectif, en deux ou trois magistraux coups de pinceau. Ainsi, dans *Madame Bo-*

vary, malgré la scrupuleuse conscience réaliste de l'auteur, chaque chose est toujours en sa place, et toujours le principal est le principal, l'accessoire l'accessoire. L'habileté de Flaubert apparaît aussi bien dans ce qu'il dit que dans ce qu'il omet. Par là, il est supérieur à Balzac qui employa tant d'ornements superflus.

Flaubert méconnut entièrement la valeur de *Madame Bovary*; bien plus, le succès de ce livre l'irrita. Il sortait des gonds en voyant le public et les critiques le préférer à ses autres œuvres, et pour le rendre furieux, il n'y avait qu'à lui conseiller d'écrire quelque chose dans le même genre. « Laissez-moi en paix avec *Madame Bovary*! » s'écriait-il alors avec emportement. Durant les dernières années de sa vie il voulut retirer le livre de la circulation, en n'en autorisant pas de nouveaux tirages, et, s'il n'en fut pas ainsi, ce fut parce qu'il avait besoin d'argent.

Il ne se bornait pas à dédaigner *Madame Bovary*, la jugeant inférieure, par exemple, à *La Ten-*

tation. Il déclarait mépriser le genre à laquelle elle appartient, c'est-à-dire la réalité analytique dans le caractère et dans les mœurs.

Il estimait uniquement la délicatesse du style, la beauté de la phrase, et assurait que ce n'est que par elles qu'on gagne l'immortalité, qu'Homère est aussi moderne que Balzac et qu'il donnerait *Madame Bovary* tout entière pour un paragraphe de Châteaubriand ou de Victor Hugo.

Il est à noter, en effet, que pour Flaubert, disciple enthousiaste de l'école romantique, admirateur fervent d'Hugo, de Dumas et de Châteaubriand, la perfection du style, c'étaient les oripeaux lyriques, la prose poétique et fleurie, et non cette admirable sobriété et cette pureté auxquelles il arrivait. Cas d'aveuglement littéraire très semblable à celui qui poussait Cervantès à préférer dans son œuvre le *Persilès*.

Après *Madame Bovary*, *Salammbô* est la meilleure œuvre de Flaubert. Avec le même scrupule qu'il étudia les misères d'un village au temps de Louis-Philippe, Flaubert reconstitua le monde lointain, la mystérieuse civilisation carthaginoise. Il nous transporte à Carthage parmi les contemporains d'Hamilcar, durant les révoltes des troupes mercenaires, que la République africaine entretenait à sa solde pour la servir contre Rome ; et l'héroïne du roman est la vierge Salammbo, prêtresse de la Lune.

Il semble à première vue, que de tels éléments doivent composer un livre ennuyeux, savant peut-être, mais de peu d'intérêt ; quelque chose d'analogue aux romans archéologiques qu'écrit Ebers. Eh bien ! nullement. Quoique l'auteur de *Salammbo* nous conduise à Carthage et dans les chaînes de la Lybie, au temple de Tanit et aux pieds de la monstrueuse statue de Moloch, *Salammbo* est dans son genre une étude aussi réaliste que *Madame Bovary*.

Laissons de côté l'infatigable érudition que déploya Flaubert pour dépeindre la cité africaine, son voyage aux côtes de Carthage, son ardeur à fouiller les auteurs grecs ou latins. Ebers le fait aussi, mieux et plus solidement même, mais ses romans n'en sont pas pour cela moins soporifiques.

Ce qui importe dans des œuvres analogues à *Salammbô*, ce n'est pas que les détails scientifiques soient irréprochablement exacts ; c'est que la reconstruction de l'époque, des mœurs, de la société, des personnages et de la nature ne semble pas artificielle, et que l'auteur en étant savant, demeure artiste. Il faut que dans tout il y ait vie et unité ; il faut que ce monde exhumé de la poussière des siècles nous semble réel, quoique étrange et différent du nôtre. Il faut qu'il nous produise la même impression de vérité que causent les hiéroglyphes, quand un égyptologue les déchiffre, ou les fossiles quand un éminent naturaliste les complète. Il faut que si nous ne pouvons dire avec une certitude absolue : « Carthage était ainsi, » nous pensions du moins que *Carthage pût être ainsi* !

Avec *Salammbo*, Flaubert vit le terme de ses succès. Un roman dans lequel il se mit tout entier, et sur lequel il fonda de grandes espérances, l'*Education sentimentale,* fit un fiasco si complet, que Flaubert, dans ses élans de colère accoutumés, demandait à ses amis en serrant les poings : « Et pourriez-vous me dire pourquoi ce bouquin n'a pas plu ? » La cause pour laquelle le livre ne plut pas mérite qu'on la raconte.

D'après Maxime Ducamp, il y a eu deux périodes dans la vie de Flaubert. Durant la première, — les années de jeunesse, — Flaubert avait un esprit délié, une imagination féconde ; il apprenait sans effort et travaillait facilement. Bientôt une horrible maladie le frappa, mal mystérieux que Paracelse appelle *le tremblement de terre de l'homme,* et sa fraîche intelligence, tout comme son corps d'athlète, furent atteints dans leur source de vie, affaissés et jusqu'à un certain point paralysés.

On remarqua, parallèlement, deux étranges symptômes chez le malade. Il prit en haine la marche, au point que voir marcher les autres lui faisait mal ; et, pour le travail littéraire, il devint si difficile et si exigeant, qu'il copiait vingt fois une page, la corrigeait, la raturait, la polissait, et s'acharnait de telle sorte au travail, que si, en un mois, il réussissait à produire vingt pages définitives, il se déclarait rendu et mort de fatigue. Après avoir terminé une page en gémissant, en soupirant, il se levait de sa table de travail, baigné de sueur, et allait tomber sur un divan où il restait sans souffle.

Cette lenteur, l'énorme effort que lui coûtait chacune de ses œuvres qu'il passait des éternités à terminer, — il lima, corrigea et retoucha *La Tentation* pendant vingt années, — provenaient du désir d'atteindre une correction absolue de style et une complète exactitude de faits et d'observations.

Il y eut un moment où il obtint les deux choses sans exagération et sans préjudice de la création artistique. Ce fut alors qu'il écrivit *Salammbo* et *Madame Bovary*. Ensuite l'équilibre fut rompu.

Il commença à abuser du procédé, au point de passer des heures entières à faire la chasse à une répétition de voyelles ou à une cacophonie, à réfléchir si une voyelle était ou non à sa place, et à lire trente volumes sur l'agriculture pour écrire dix lignes en connaissance de cause.

De là, l'échec de l'*Education sentimentale*, et surtout celui de *Bouvard et Pécuchet*, son œuvre posthume, où le roman se transforme en monotone satire sociale, en pesant catalogue de lieux communs et d'idées courantes; où une même situation prolongée durant toute l'œuvre, où la langue, sèche et décharnée à force de vouloir être pure et simple, fatiguent le lecteur le plus courageux.

Qu'elle soit due à la maladie ou à la nature spéciale de son génie, on doit insister sur la décadence de Flaubert, parce que c'est un évènement peu fréquent que la chute et la stérilité d'un écrivain par ambition excessive d'exactitude et de perfection ; au lieu que la plupart, aussitôt qu'ils ont acquis du renom, se laissent aller au sommeil.

Flaubert, lui, appelait *se distraire*, écrire des contes comme le *Cœur sensible*, qui représente six mois de travail assidu. A force d'effiler la pointe du crayon, Flaubert la brisa.

Le fond des œuvres de Flaubert est pessimiste, non pas qu'il prêche ni cette doctrine ni une autre, car il est l'écrivain le plus impersonnel et le plus réservé qu'on ait jamais vu. Seulement son observation implacable démontre à chaque instant la bassesse et la nullité des desseins et des désirs de l'homme.

Soit qu'il nous montre Mⁿᵉ Bovary rêvant de poétiques amours et tombant dans de prosaïques hontes, soit qu'il nous peigne Salammbo expirant dans l'horreur de son barbare triomphe, ou Bouvard et Pécuchet étudiant les sciences et dévorant les livres pour rester aussi sots qu'ils l'étaient avant, Flaubert n'a pas un coin où se puissent loger les illusions consolantes. Il hait par dessus tout la société moderne, ce que l'on a coutume d'appeler l'intelligence, le progrès, les découvertes, l'industrie et les libertés. C'est une face de Flaubert que Zola et son école n'ont pas négligé de lui emprunter. Seulement Flaubert n'obéissait pas à un système, il agissait par instinct. Dans ses rapports avec ses amis, il se montrait au contraire enthousiaste, exalté, et se passionnait facilement.

VIII

SOMMAIRE

Les de Goncourt. — L'auteur est une dévote de leur autel byzantin. — Les deux frères. — Leur ascendance littéraire. — Leurs tendances esthétiques. — Le rococo et la modernité. — Gautier, à propos de Baudelaire. — L'expressivité. — La couleur. — L'œuvre : l'œuvre commune. — L'œuvre d'Edmond de Goncourt. — Préférences de l'auteur. — Les frères Zemganno — Manette Salomon.

VIII

Deux idées me frappent au moment de parler des frères de Goncourt.

D'abord, je crains de les louer plus que de juste, parce qu'ils m'inspirent une grande sympathie et sont mes auteurs de prédilection. Aussi je préfère déclarer, dès maintenant, quelle affection j'ai pour eux et avouer ingénument que jusqu'à leurs défauts me captivent.

« Si la foule ne s'agenouille jamais devant eux, ils auront une chapelle d'un luxe précieux, une chapelle byzantine avec de l'or fin et des peintures curieuses, dans laquelle les raffinés iront faire leurs dévotions (1). » Je suis une dévote de cet autel, sans prétendre ériger en loi mon goût qui provient peut-être de mon tempérament de coloriste.

Ensuite, je m'étonne qu'il y ait des gens qui traitent les réalistes de *simples photographes*, alors que combattent dans leurs rangs les deux écrivains modernes qui peuvent le plus justement se prétendre des *peintres*.

Les Goncourt sont à peine connus en Espagne. L'un s'appelle Edmond, l'autre s'appelait Jules. Travaillant en collaboration intime, ils

---

(1) Zola, *Les romanciers naturalistes*.

écrivirent des romans et des œuvres historiques, jusqu'à ce que Jules le cadet descendit au tombeau. Ils vécurent si unis, fondant leurs styles et leurs pensées, que le public les prenait pour un seul écrivain. Edmond, le survivant, dans son beau roman *Les Frères Zemganno*, a symbolisé cette étroite fraternité intellectuelle dans l'histoire des deux frères gymnasiarques qui exécutent ensemble au cirque des exercices dangereux et mettent en commun leur force et leur adresse, arrivant à être une âme en deux corps. Quand le plus jeune se brise les deux jambes dans une chute, Gianni, l'aîné, renonce à des travaux qu'il ne peut plus partager avec son cher Nello. Je laisserai Edmond de Goncourt lui-même expliquer la tendresse qui les unissait.

« Les deux frères ne s'aimaient pas seulement, ils tenaient l'un et l'autre par des liens mystérieux, des attaches psychiques, des atomes crochus de natures jumelles, et cela, quoiqu'ils fussent d'âges très différents et de caractères diamétralement opposés. Leurs premiers mouvements instinctifs étaient identiquement les mêmes..... Non-seulement les individus, mais encore les choses, avec le pourquoi irraisonné de leur charme ou de leur déplaisance, leur parlaient mêmement à tous les deux. Enfin les idées, ces créations du cerveau dont la naissance est d'une fantaisie si entière, et qui vous étonnent souvent par le *on ne sait comment* de leur venue, les idées d'ordinaire si peu simultanées et si peu parallèles dans les ménages de cœur entre homme et femme, les idées naissaient communes aux deux frères. Leur *travail* se trouvait tant et si bien confondu, leurs exercices tellement mêlés l'un à l'autre, et ce qu'ils faisaient semblait si peu appartenir à aucun en particulier, que les bravos s'adressaient toujours à l'association et qu'on ne séparait jamais le couple dans l'éloge ou dans le blâme..... C'est ainsi que ces deux êtres étaient arrivés à n'avoir plus à eux deux qu'un amour-propre, qu'une vanité, qu'un orgueil. »

Il s'écoula bien des années sans que les Goncourt obtinssent, je ne dirai pas les applaudissements, mais même l'attention du public. Quelques-uns de leurs romans furent accueillis avec tant d'indifférence, que la douleur de cet insuccès précipita la mort de Jules. Maintenant, grâce au fracas que soulève le naturalisme, les romans des Goncourt commencent à être très lus. Edmond, que la mort de son frère avait laissé abattu et sans courage, Edmond, qui avait voulu renoncer à écrire, s'est remis à travailler et passe pour le troisième romancier français vivant. Nombre de gens même le préfèrent à Daudet.

Goncourt fut le premier qui appela *documents humains* les faits que le romancier observe et rassemble pour en faire la base de ses créations. Mais ceux qui s'imaginent que tous les naturalistes et les réalistes sont taillés sur le patron de Zola, s'étonneraient s'ils connaissaient l'originalité de Goncourt. Il ne ressemble ni à Balzac, ni à Flaubert; et bien que disciple de Diderot, il ne lui emprunte que le coloris et l'art d'exprimer les sensations. Stendhal étudiait le mécanisme psychologique et le *processus* des idées, les Goncourt, élèves du même maître, réussissent à copier avec de vives couleurs la réalité sensible. Ils sont, avant tout, — inventons, à leur exemple, un mot nouveau, — *sensationnistes*. Ils ne possèdent pas la netteté de Flaubert, ni son style parfait, ni son impersonnalité puissante ; au contraire, s'ils prennent le réel pour matière première, c'est pour le couler dans le moule de l'individualité ou, comme dirait Zola, pour le montrer à travers leur tempérament.

Les Goncourt se distinguèrent par deux traits : la connaissance de l'art et des mœurs du dix-huitième siècle et l'expression des éléments esthétiques du dix-neuvième.

Ils étudièrent le xviiie siècle avec une fougue d'artistes et une patience d'érudits, communiquant au public le résultat de leurs investigations en de nombreux et remarquables livres historico-biographiques et historico-anecdotiques. Ils collectionnèrent des estampes, des meubles, des livres et des plaquettes, tout ce qui concernait cette époque qui, pour être voisine de nous, n'en est pas moins intéressante.

Dans leurs romans, ils montrèrent une foule d'aspects poétiques de notre temps, auxquels nul ne songeait. Loin de faire comme Flaubert l'inventaire des misères et des ridicules de la société moderne, ou de se borner par système, comme Champfleury, à trouver des types et des scènes vulgaires, les Goncourt découvrirent dans la vie contemporaine un certain idéal de beauté qui lui appartient exclusivement et que d'autres âges et d'autres temps ne peuvent lui disputer.

Les Goncourt disent par la voix d'un de leurs personnages : « Le moderne, tout est là. La sensation, l'intuition du contemporain, du spectacle qui vous coudoie, du présent dans lequel vous sentez frémir vos passions et quelque chose de vous, tout est là pour l'artiste. »

Et fidèles à cette théorie, les Goncourt extraient de la vie contemporaine tout ce qui est artistique, comme le chimiste fait jaillir l'aveuglante lumière de l'électricité d'un obscur morceau de charbon.

Cette sympathie pour la vie moderne peut prendre une forme très rabattue et se changer en admiration pour les progrès scientifiques ou industriels de notre siècle. Chez les Goncourt, elle en prit une beaucoup plus nouvelle et beaucoup plus inusitée, entièrement artistique. Leur idéal fut celui de la génération présente qui ne se borne pas à admirer une seule forme de l'Art, mais qui les comprend toutes et en jouit avec un éclectisme raffiné, préférant peut-être les plus étranges aux plus belles, comme il arrivait aux Goncourt. Une page de Théophile Gautier définit fort bien cette manière de sentir l'Art. On peut l'appliquer aux Goncourt.

« Il aimait ce qu'on appelle improprement le style de décadence, et qui n'est autre chose que l'Art arrivé à ce point de maturité extrême que déterminent à leurs soleils obliques les civilisations qui vieillissent : style ingénieux, compliqué, savant, plein de nuances et de recherches, reculant toujours les bornes de la langue, empruntant à tous les vocabulaires techniques, prenant des couleurs à toutes les palettes, des notes à tous les claviers, s'efforçant à rendre la pensée dans ce qu'elle a de plus ineffable, et la forme de ses contours les plus vagues et les plus fuyants..... Tel est bien l'idiome nécessaire et fatal des peuples et des civilisations où la vie factice a remplacé la vie naturelle et développé chez l'homme des besoins inconnus. Ce n'est pas chose aisée, d'ailleurs, que ce style méprisé des pédants, car il exprime des idées neuves avec des formes nouvelles et des mots qu'on n'a pas entendus encore. »

S'il est facile ou non, celui-là seul le sait qui lutte avec le vocable indomptable pour le dompter ! Edmond de Goncourt croit que son frère Jules tomba malade et mourut des blessures reçues en luttant avec la phrase rebelle, à qui il demandait ce que nul écrivain ne lui demanda jamais, de surpasser la palette.

Avant d'écrire, les Goncourt s'étaient adonnés à la peinture à l'huile et à la gravure à l'eau-forte. Ils s'étaient entourés de délicieux bibelots, de jouets asiatiques, d'armes riches, d'étoffes de soie japonaise brodées en relief, de porcelaines curieuses. Célibataires et maîtres d'eux-mêmes, ils se livrèrent librement à leurs passions d'artistes. En cultivant les lettres, ils voulurent rendre aussi cette beauté de coloris qui les captivait et cette complexité de sensations délicates, aiguës, et jusqu'à un certain point paroxystes, que leur faisaient éprouver la lumière, les objets, les formes, grâce à la subtilité de leurs sens et à la finesse de leur intelligence. Au lieu de se tirer d'affaire comme tant d'écrivains, en s'écriant : « Je ne trouve pas d'expressions pour dépeindre ceci, cela ou le reste, » les Goncourt se proposèrent de trouver toujours des mots, quand ils devraient les inventer.

Pour communiquer aux lecteurs les impressions de leurs sens raffinés, les Goncourt amplifiaient, enrichissaient et disloquaient le français. Indignés de la pauvreté de la langue, quand ils la comparaient à l'abondance et à la merveilleuse variété des sensations, ils perdirent tout respect pour l'idiome et furent les plus audacieux néologistes du monde, sans se priver aussi de prendre d'autres licences. Car, les mots nouveaux ne leur suffisant pas, ils songèrent à les placer d'une manière inaccoutumée, pourvu qu'ils exprimassent ce que l'auteur désirait leur faire exprimer.

Ils ne se bornèrent pas à peindre l'extérieur des choses et la sensation que produit leur aspect, mais les suggestions de tristesses, de joies ou de mélancolies que l'âme trouve en elles, de sorte qu'ils ne dominèrent pas seulement le coloris comme Théophile Gautier, mais le clair obscur, la quantité de lumière et d'ombre qui influent tant sur notre esprit.

Les Goncourt se servent de tous les moyens imaginables pour atteindre leurs fins : ils répètent un mot pour que l'excitation réitérée augmente l'intensité de la sensation ; ils emploient deux ou trois synonymes pour nommer un objet. Ils commettent des tautologies et des pléonasmes, font des substantifs d'adjectifs, tombant à chaque pas dans des défauts qui eussent rempli d'horreur Flaubert.

Ces audaces donnent parfois les plus heureux résultats. Une tournure ou une phrase saute aux yeux du lecteur, se grave dans sa rétine et transmet au cerveau la vive image que l'artiste voulut lui montrer clairement.

Dans ses merveilleuses descriptions, Zola adopta les procédés des Goncourt, légèrement atténués ; Daudet leur prit à son tour les miniatures exquises qui ornent quelques-unes de ses pages les mieux choisies, et tout écrivain coloriste, désormais, devra s'inspirer de la lecture des deux frères.

Quelle belle, quelle savoureuse chose que la couleur ! Sans admettre la théorie de ce savant allemand, qui prétend qu'au temps d'Homère, les hommes voyaient beaucoup moins de couleurs qu'aujourd'hui, et que ce sens se raffine et s'enrichit chaque jour, je crois que le culte de la ligne est antérieur à celui du coloris, comme la sculpture à la peinture. Je pense aussi que les lettres, à mesure qu'elles avancent, expriment la couleur avec plus de brio et de force, en détaillent mieux les nuances et les délicates transitions, et que l'étude de la couleur se complique de même que l'étude de la musique s'est compliquée depuis les maîtres italiens jusqu'à aujourd'hui.

J'ai lu, il n'y a pas longtemps, dans une revue scientifique, qu'il existe des sujets qui éprouvent une sensation lumineuse et chromatique, qui est toujours la même quand le son est égal et qui varie quand le son change, de telle sorte qu'un son peut exciter la rétine en même temps que le tympan et que pour l'individu doué d'une faculté si singulière, chaque ton de son correspond exactement à un ton de couleur.

La méthode des Goncourt s'essaie à obtenir des résultats analogues : ils écrivent de telle sorte que les mots produisent de vives sensations chromatiques et c'est en cela que consiste leur indiscutable originalité. Quoique la traduction doive forcément abîmer l'émail polychrome d'un style aussi capricieux, je traduis ici un paragraphe du roman *Manette Salomon* où les Goncourt décrivent les exagérations d'un coloriste et semblent exprimer plutôt leur propre désir de remplacer le pinceau par la plume (1).

« Il cherchait partout de quoi monter sa palette, chauffer ses tons, les enflammer, les brillanter. Devant les vitrines de minéralogie, essayant de voler la Nature, de ravir et d'emporter les feux multicolores de ces pétrifications et de ces cristallisations d'éclairs, il s'arrêtait à ces bleus d'azurite, d'un bleu d'émail chinois, à ces bleus défaillants des cuivres oxydés, au bleu céleste de la lazulite allant du bleu de roi au bleu de l'eau. Il suivait toute la gamme du rouge, des mercures sulfurés, carmins et saignants, jusqu'au rouge noir de l'hématite, et rêvait à l'*omatito*, la couleur perdue du xvie siècle, la couleur cardinale,

---

(1) Il nous a paru inutile de citer, même en note, la version d'ailleurs facile et élégante de Mme Pardo Bazan.

la vraie pourpre de Rome..... Des minéraux, il passait aux coquilles, aux colorations mères de la tendresse et de l'idéal du ton, à toutes ces variations du rose dans une fonte de porcelaine, depuis la pourpre ténébreuse jusqu'au rose mourant, à la nacre noyant le prisme dans son lait. Il allait à toutes les irrisations, aux opalisations d'arc-en-ciel... Il se mettait dans les yeux l'azur du saphir, le sang du rubis, l'orient de la perle, l'eau du diamant. Pour peindre, le peintre croyait avoir maintenant besoin de tout ce qui brille, de tout ce qui brûle dans le Ciel, dans la Terre, dans la Mer. »

C'est cela même que croient les Goncourt, et de là résultent les conditions exceptionnelles de leur style. Je n'ose pas dire les qualités, quoique pour moi elles soient telles.

Je me hâte d'ajouter que les Goncourt n'ont pas seulement de la valeur comme maîtres puissants du coloris et comme interprètes rares de la sensation. Ils ont prouvé aussi qu'ils sont de grands observateurs qui savent étudier les caractères. Il est vrai qu'ils ne procèdent ni comme Balzac, ni comme Zola, qui ont créé des personnages logiques, agissant conformément à des antécédents indiqués par le romancier, et allant où les conduisent la fatalité de leur complexion et la tyrannie des circonstances. Les personnages des Goncourt ne sont pas aussi automatiques; ils semblent plus capricieux, plus inexplicables pour le lecteur; ils agissent avec une indépendance relative, et cependant, nous ne nous les imaginons pas comme des mannequins ou des êtres fantastiques et rêvés, mais comme des personnes de chair et d'os, semblables à beaucoup de gens, que nous rencontrons à chaque pas dans la vie réelle, et dont nous ne pouvons prédire avec certitude la conduite, quoique nous les connaissions à fond et que nous sachions d'avance les mobiles qui peuvent influer sur eux. La contradiction, l'irrégularité et l'inconséquence, l'énigme qui existe dans l'homme, les Goncourt les mettent peut-être mieux en lumière que leurs illustres rivaux.

Deux groupes de romans portent au titre le nom des Goncourt. L'un est l'œuvre des frères réunis, l'autre d'Edmond seul ; mais dans tous la méthode est la même.

Nul n'applique plus radicalement que les Goncourt le principe récemment découvert que dans le roman, ce qui importe le moins, c'est le sujet et l'action, et ce qui importe le plus, la quantité de vérité artistique.

Dans quelques-uns de leurs romans comme *Sœur Philomène* et *Renée Mauperin*, il y a encore un drame, très simple, mais drame enfin.

Dans *Manette Salomon*, *Charles Demailly*, *Germinie Lacerteux*, on ne trouve guère que la succession des évènements, incohérente en apparence, et parfois languissante, comme il arrive dans la vie.

Dans *Madame Gervaisais*, l'intérêt de l'intrigue

est moindre ou plus délicat si l'on veut. Il n'y a pas d'évènements et le drame intime et profond de la conversion d'une libre-penseuse au catholicisme se joue dans l'âme de l'héroïne. Ce roman surprenant ne manque pas seulement d'intrigue au sens usuel du mot, il manque aussi de dialogue.

Les Goncourt possèdent un microscope très puissant, et l'emploient plutôt qu'à examiner l'âme humaine et à visiter les replis du cerveau, à observer dans tous les objets les détails menus, exquis et curieux, les fils si frêles qui tissent la réalité.

Pour d'autres auteurs, la vie est une toile grossière ; pour les Goncourt, c'est une jolie dentelle chargée de broderies, de fleurs et d'étoiles délicates brodées par une main adroite.

Il semble que sous le verre de leur microscope, comme sous le verre du microscope des naturalistes sages qui découvrirent le monde des infusoires et les régions micrographiques, la création se dilate, se multiplie et s'approfondit.

Les romans les plus vantés des Goncourt sont *Germinie Lacerteux* et *La fille Elisa*. Leur succès est peut-être dû à la curiosité et au goût dépravé du public, qui préfère certains sujets, et cherche dans le roman la satisfaction de certains appétits. Pour moi, les meilleures œuvres des Goncourt sont le beau poème d'amour fraternel, intitulé *Les frères Zemganno*, ou la poésie se cache sous la vérité, comme la perle dans la coquille de l'huître ; et surtout, l'admirable *Manette Salomon*, où ces écrivains d'élite trouvèrent ce que l'artiste apprécie tant, la conformité de l'esprit, du talent et du sujet.

IX

SOMMAIRE

Alphonse Daudet : il débute par la poésie. — La parenté avec Dickens. — Le Petit Chose. — *La caractéristique de Daudet romancier et écrivain.* — Le Nabab. — Les Rois en exil. — Numa Roumestan. — *Daudet et Zola.*

IX

Alphonse Daudet est né dans le Midi de la France, pays de gai savoir et de climat prospère, assez semblable à notre Andalousie. Le ciel serein, le clair soleil et la végétation florescente des zones méridionales semblent avoir leur reflet dans le caractère de cet écrivain, dans sa fantaisie étincelante et dans son heureux tempérament littéraire.

Ernest son frère, dans le livre intitulé *Mon frère et moi*, donne les preuves de la précocité du talent d'Alphonse et affirme que son premier roman, écrit à quinze ans, serait digne de figurer dans la collection de ses œuvres actuelles. Il observe aussi que la critique n'a pu trouver d'infériorité relative entre les différents livres qu'il publia, ni choisir et signaler une œuvre de lui supérieure aux autres, — ce qu'elle a fait pour les Goncourt, Flaubert et Zola.

Les débuts de l'histoire littéraire d'Alphonse Daudet furent difficiles. Il lutta héroïquement contre la gêne qui avait peu à peu écrasé sa famille, gêne qui finissait par être de la pauvreté. Il entra comme pion dans un collège, se destina ensuite au journalisme, et dans sa chambre d'étudiant, commença à travailler modestement et courageusement pour gagner de la réputation.

Son premier livre fut un volume de vers, *Les Amoureuses* : avec un surenchérissement d'éloges hyperboliques, la critique a dit de cette œuvre « que Daudet avait recueilli la plume d'Alfred de Musset mourant. »

Ensuite, il écrivit de la prose, commença par composer de petits contes courts, des études légères sur n'importe quel sujet, des descriptions de villages et de types de son pays.

De ces aquarelles, il passa à des tableaux de chevalet, c'est-à-dire des scènes de mœurs, jusqu'à ce qu'enfin il osa couvrir de couleurs de vastes toiles, de grands romans sociaux. Grands, non point par les dimensions, mais par la profondeur de l'observation.

Il ne manque pas de gens qui placent Alphonse Daudet hors de l'école réaliste et naturaliste, en se fondant sur certaines qualités poétiques de son esprit. Je pense que, sans aucun doute, nous devons placer parmi les réalistes l'auteur de *Numa Roumestan*. En effet, les procédés d'Alphonse Daudet, sa méthode pour composer et imaginer, sont absolument réalistes. Avant de se coucher, à l'imitation de Dickens avec lequel il a bien des points de contact, il note en détail les évènements et les minuties observés durant la journée. On peut assurer qu'il n'y a pas de détails, pas de caractères, pas d'évènements dans ses romans qui ne soient tirés de ses carnets ou du riche trésor de sa mémoire. Zola dit fort bien que Daudet manque d'imagination dans le sens que nous avons coutume de donner à ce mot, puisqu'il n'invente rien : il choisit, combine, dispose seulement les matériaux qu'il a pris à la réalité. Sa personnalité littéraire, ce que Zola appelle *le tempérament*, intervient ensuite et coule le métal de la réalité dans son propre moule.

Notable erreur que de croire que pour se conformer à la méthode réaliste, un auteur abdique ses libres facultés de création. Et voilà ce qu'on affirme sur un ton doctoral, comme si l'on formulait un irréfutable axiome d'esthétique !

Daudet voit les choses à sa manière, il ne les étudie ni avec la sévère impersonnalité d'un Flaubert, ni avec l'intense émotion artistique des Goncourt, ni avec la lucidité visionnaire d'un Balzac. Il les étudie avec cette sensibilité naturelle, avec cette ironie voilée, douce et profonde que connaissent bien les lecteurs assidus de Dickens. Ce n'est pas un analyste froid, ce n'est pas le médecin qui rapporte avec une indifférence glaciale les symptômes d'une maladie, ce n'est pas davantage l'artiste qui cherche avant tout la perfection ; c'est le narrateur passionné qui sympathise avec quelques-uns de ses héros et s'indigne contre les autres, dont la voix tremble parfois, dont parfois une larme furtive couvre les yeux d'un voile.

Sans parler constamment en son propre nom, sans suspendre les récits pour adresser au lecteur des réflexions et des admonitions, Daudet sait n'être jamais absent de ses livres. Sa présence les anime.

Un de ses romans, *Le Petit Chose*, est tissu des évènements de l'enfance et de l'adolescence de l'auteur, et ses personnages sont des membres de la famille Daudet. Même sans le concours de cette circonstance, toutes les œuvres de Daudet émeuvent, parce qu'il sait pratiquer le *si vis me flere,...* discrètement comme l'exige l'art contemporain, sans exclamations ni apostrophes. Grâce à une certaine chaleur dans le style, avec des inflexions grammaticales très tendres, très pénétrantes, qui vont à l'âme, nous savons, quoique l'auteur n'ait pas pris la peine de nous en avertir, qu'il éprouve de l'affection pour tel ou tel personnage. Nous écoutons le rire mélodieux et sonore avec lequel il se moque des coquins et des imbéciles. Tout cela, nous le distinguons à travers un voile et nous jouissons du plaisir de le deviner.

Tandis que Stendhal fatigue comme fatiguerait une démonstration mathématique, tandis que les Goncourt excitent les nerfs et éblouissent les yeux, que Flaubert attriste et cause du spleen et de la misanthropie, Daudet console, rafraîchit et divertit l'esprit, sans se servir de tromperies et de sornettes comme les idéalistes, par la seule magie de son caractère sympathique et tendre. La note gaie, parfois légère, qui ne manque pas dans la vie et qui manque dans les romans de Zola, le clavier de Daudet la possède. Son talent est de caractère féminin, non par la faiblesse, mais par la grâce et par l'attraction.

Son style semble travaillé sans violence ni effort, avec un aimable abandon, quoique sans négligence. Et cependant, si Jules de Goncourt mourut épuisé et presque fou à force de sveltir la phrase pour lui imprimer une vibration nerveuse plus intense ; si, en limant ses pages, Flaubert suait et gémissait comme le bûcheron à chaque coup qu'il décharge sur l'arbre ; si Zola pleure de rage et se traite d'idiot en relisant ce qu'il écrit, le remet à nouveau sur le chantier et recommence à le marteler jusqu'à ce qu'il lui ait donné la forme désirée, Ernest Daudet assure que, pour rédiger une page rapide, harmonieuse, où la phrase coule majestueuse comme un fleuve qui roule des sables d'or, son frère, exigeant envers lui-même, lutte, souffre, pâlit et en reste plusieurs jours malade de fatigue.

C'est là la difficile facilité désirée par tant d'écrivains et que si peu savent conquérir !

Alphonse Daudet n'a point l'étonnante science spéciale des Goncourt ; encore moins la grande érudition de Flaubert. Il sait ce qu'il lui faut savoir, ni plus ni moins ; le reste, il l'imagine et à Dieu va ! Il ne se pose pas en philosophe, il ne se pique pas d'être à l'excès styliste ou puriste.

Il ne serait pas capable de s'assujettir aux sévères études qu'exige une œuvre comme *Salammbo*, par exemple. Ses voyages d'exploration, il les fait à travers le monde social. Il parcourt Paris dans toutes les directions, en scrutant tout avec ses yeux de myope qui concentrent la lumière, et en observant chacune des scènes variées et curieuses qui se succèdent dans la vie de la grande capitale où il ne manque pas de comédies, où les drames ne sont pas rares, où la tragédie se dresse parfois, le poignard à la main, sur la trame vulgaire en apparence des évènements.

Chez Alphonse Daudet, un phénomène révèle sa nature d'artiste. Il se plaît surtout à étudier les types rares et originaux, les mœurs étranges et pittoresques qui se dessinent un moment comme des moues rapides sur la physionomie

changeante et cosmopolite de Paris. Il préfère
ces contractions passagères à l'aspect normal.
Il se plaît à photographier instantanément et
stéréotyper ensuite ces existences de chauves-
souris, entre lumière et ténèbres, ces types
suspects que l'on appela autrefois *la bohême*;
aventuriers de la science, de la langue, de l'art;
figures hétéroclites, qui ont les pieds dans la
fange et lèvent leurs fronts au ciel du luxe et
de la célébrité; gens de qui tous les journaux
parlent aujourd'hui et que demain on enterrera
dans la fosse commune.

Dans quelques-uns des romans de Daudet,
le *Nabab,* par exemple, presque tous les personnages sont de cette clique : le médecin
nord-américain Jenkins, mélange de Locuste
et de Célestine; Félicia Ruys, moitié artiste
admirable et moitié courtisane; le nabab Jansoulet, l'ex-odalisque sa femme, sont tous des
personnages extraordinaires, des champignons
qui germent dans la pourriture d'une société

vieille, d'une capitale babylonienne et dont les formes singulières et les couleurs empoisonnées attirent le regard et le captivent plus que la beauté des roses.

Le Nabab fut le premier roman de Daudet qui lui donna une très grande célébrité. La cause de ce succès, il est triste de le dire, était en grande partie due à ce que le roman était émaillé d'indiscrétions, c'est-à-dire de nouvelles anecdotiques relatives à une certaine période du second empire et à des personnages de haut rang qui y firent figure. Il est triste de le dire, — je le répète, — parce que le fait prouve que le public est incapable de s'intéresser à la littérature, pour la seule littérature, et que si un auteur devient célèbre d'un coup et vend éditions sur éditions d'un livre, c'est qu'il a su le saupoudrer avec le sel et le piment de la chronique scandaleuse.

Quand on sut que *le Nabab* avait une clé, quand on sut qu'Alphonse Daudet, commensal et protégé du duc de Morny, l'exhibait dans les moindres détails de sa vie privée, beaucoup se scandalisèrent et traitèrent l'auteur d'ingrat. Je me scandalise plus encore de ce que l'on ait connu *alors* le talent de Daudet par cette ingratitude et cette bassesse, et non *avant*, par la resplendeur de la beauté du talent.

Pour s'affranchir du reproche d'ingratitude, Alphonse Daudet allégua qu'il n'avait ni défiguré ni enlaidi la physionomie du duc de Morny ni d'aucune des personnes qu'il peignait; que l'opinion générale se les représentait sous un jour beaucoup plus fâcheux et que si elles vivaient, elles lui seraient bien certainement reconnaissantes des traits qu'il leur avait prêtés.

Comme artiste, il donna une autre raison bien plus puissante. Son incapacité absolue d'inventer et la force invincible avec laquelle le modèle vivant s'incrustait dans sa mémoire, au point de ne lui laisser pas de repos jusqu'à ce qu'il l'ait transporté sur le papier.

Le problème est réellement difficile. Pourquoi se montrer plus sévère envers le romancier qu'envers le peintre ?

Le peintre se rend, par exemple, dans une société ou à un repas où il est convié ; il regarde autour de lui, remarque la tête de l'amphytrion, la tournure de quelque jeune fille assise à côté de lui. Il rentre chez lui, prend ses pinceaux et, sans le moindre scrupule, reproduit sur la toile ce qu'il a vu. Nul ne le taxe d'ingratitude ni ne le qualifie de misérable.

Un écrivain réaliste se décide à tirer parti du moindre détail observé chez un ami, même chez un indifférent ou un ennemi juré. On dira qu'il déchire le voile de la vie privée, qu'il viole les secrets du foyer, et tout le monde se considérera comme offensé. On lui fera même un procès comme à Zola, pour le nom d'un personnage.

Il est clair que le romancier, digne de ce nom, en prenant la plume, n'obéit pas à des antipathies ou à des rancunes, n'exerce pas une vengeance. Ce n'est pas non plus le satirique qui aspire à frapper au cœur l'individu ou la société. Son but est tout différent. Il obéit à sa muse qui lui ordonne d'étudier, de comprendre et d'exposer la réalité qui nous environne. Ainsi, pour en revenir à Daudet, ce qu'il prend indistinctement à ses amis ou à ses adversaires, ce n'est pas cette vérité trop grande que les biographes même dédaignent ; ce sont certains renseignements — comme le morceau de bois ou de fer appelé *âme* sur lequel les sculpteurs appuient et font porter la terre qu'ils modèlent, — l'armature, en un mot. Le nabab Jansoulet, par exemple, a existé. Daudet, dans son livre, a conservé le fond et a modifié bien des détails.

S'il y a un dessein satirique dans un des romans de Daudet, c'est dans *Les Rois en exil*. L'auteur s'est proposé de faire une démonstration. Je ne sais si la démonstration est faite, mais je sais que l'intention est visible. Cependant, en artiste consommé, il a évité la caricature et a dessiné le noble et auguste profil de la reine d'Illyrie. Le monarchiste le plus monarchiste ne ferait rien d'aussi beau.

En dehors du monde parisien, Daudet réussit à décrire sa province avec une grâce toute particulière. Il connaît les Méridionaux. Soit qu'il nous conte l'épopée burlesque de *Tartarin de Tarascon*, le don Quichotte de Gascogne, qui part de sa ville natale, résolu à tuer des lions dans les forêts africaines et ne réussit qu'à mettre à mort une bourrique et à achever un vieux lion aveugle et agonisant; soit qu'avec des traits si particuliers et une physionomie si régionale, il évoque le *tambourinaïre* de *Numa Roumestan*, ou Numa lui-même, caractère magistral qui porte le sceau indélébile d'une province, Daudet nous fera toujours sourire et nous remuera toujours.

Zola croit que Daudet est providentiellement destiné à réconcilier le public avec l'école naturaliste, grâce aux qualités par lesquelles il s'attire les sympathies du lecteur et aux dons qui lui ouvrent des portes fermées à Zola : celle du foyer domestique, celle de l'élégante bibliothèque de bois de rose qui orne le boudoir des dames. Pour ma part, je crois que ces portes ne s'ouvriront jamais pour toutes les œuvres de Zola, quand bien même il enverrait devant lui cent Daudet pour franchir les obstacles. Daudet appartient à la même école que Zola, c'est certain ; mais il se contente d'accuser la musculature de la réalité, tandis que Zola l'écorche avec ses doigts de fer et la présente au lecteur en gravure de clinique. Peu de rayons de bois de rose gémiront sous le poids de *Pot-Bouille*.

Alphonse Daudet a une collaboratrice qui est sa femme. Elle a, elle aussi, écrit quelques livres. Qui sait si Daudet ne doit pas à cette douce influence de fuir l'exagération de la méthode naturaliste et de se maintenir, comme le reconnaît Zola avec une généreuse impartialité, *au point critique où finit la poésie et où commence la vérité ?*

X

SOMMAIRE

*Emile Zola. — Sa position de chef d'école. — Sa vie
par Paul Alexis. — Méthode de travail. — Combien
elle diffère de la méthode romantique. — Zola, d'a-
près de Amicis. — Le lutteur en Zola.*

X

J'ai tout exprès réservé la dernière place au chef de l'école naturaliste et j'ai parlé d'abord de Flaubert, de Daudet et des Goncourt, non pas tant pour m'astreindre à l'ordre chronologique que pour n'en venir pas au romancier qu'on discute tant, sans étudier auparavant les physionomies variées de ses camarades, variété qui est un argument puissant en faveur du réalisme.

Si Stendhal ne ressemble pas à Balzac, ni Balzac à Flaubert, si les frères de Goncourt ont de si rares et de si belles qualités artistiques, si Daudet est si personnel, Zola, à son tour, se distingue d'eux tous.

Je parlerai de Zola plus abondamment que de ses confrères, non pas que je lui accorde la primauté -- le temps seul décidera s'il le mérite — mais parce que, quand bien même on pourrait nier la valeur de ses œuvres, on ne peut nier le rôle qu'il joue de chef et de champion du naturalisme.

Romancier révolutionnaire qui, au lieu de bombes, jette des livres dont le fracas force la multitude indifférente à tourner la tête et à se grouper avec étonnement, Zola est aussi rapporteur, apologiste et missionnaire d'une doctrine nouvelle qu'il formule en pages belliqueuses. Il refuse, en vain, le titre de chef d'école, assurant que le naturalisme est ancien, que ce n'est pas lui qui l'a inventé, qu'il ne l'impose à personne et qu'avant lui d'autres auteurs le suivirent. Il est clair qu'un homme seul, pour si remarquable que soit son génie, n'improvise pas un mouvement littéraire ; mais pour que nous l'appelions chef, il suffit que les circonstances ou ses propres entraînements l'amènent à commander, comme Zola commande avec un grand éclat les armées de ce que tout le monde appelle déjà *le naturalisme*.

Paul Alexis, un des disciples les plus ardents de Zola, nous a donné une quantité de détails relatifs au Maître.

Emile Zola naquit à Paris en 1840.

Il court dans ses veines du sang italien, grec et français.

Son père était ingénieur.

Le futur romancier ne témoigna pas d'une

intelligence très ouverte dans son enfance et durant ses études. La rhétorique ne se logeait pas dans les cellules de son cerveau, et aux examens du baccalauréat ès-lettres il fut deux fois refusé.

Par suite de la mort de son père, Zola se trouva sans ressources. Pour ne pas mourir littéralement de faim, il occupa d'humbles emplois et tint pour un grand bonheur de pouvoir entrer dans la maison de librairie de M. Hachette, où il exerça des fonctions plus machinales que littéraires. Dans ce modeste asile, à l'ombre des rayons chargés de volumes, il commença à écrire. Ses essais passèrent inaperçus, et quoique Villemessant, qui aimait à protéger les débutants, lui confiât la section bibliographique du *Figaro*, ses articles de critique n'eurent pas un sort meilleur que ses travaux de littérature légère. Les *Contes à Ninon* où les belles pages ne manquent pas, furent accueillis avec indifférence, et le pauvre commis de librairie, enterré derrière son comptoir, inconnu, noyé dans la mer immense des lettres parisiennes, souffrait des tortures égales à celles de Sisyphe et de Tantale en assistant à la vente rapide des livres d'autrui et au délaissement des siens. Que de veilles, que d'heures de doute fébriles pour l'auteur qui sent peser sur son âme l'obscurité de son nom, comme en hiver la terre pèse sur le germe !

Zola mûrissait une idée qui devait lui donner la gloire et la fortune. Il projetait d'écrire quelque chose d'analogue à la *Comédie humaine* de Balzac, un cycle de romans où il étudierait dans l'histoire des individus d'une famille les différentes classes et les différents aspects de la société française sous le règne de Louis Napoléon. Il lui fallait un éditeur qui s'associât à ses plans et ne craignît pas d'entreprendre la publication d'une suite aussi vaste d'œuvres d'un auteur presque inconnu. Il obtint enfin que Lacroix se risquât à lui éditer un roman. Il s'engagea à lui en livrer, chaque année, deux qu'il lui paierait par une solde de cinq cents francs par mois : la propriété du livre était pour dix années aliénée en faveur de l'éditeur, y compris les droits de traduction et de publication en feuilletons.

Dès que Zola se fut assuré ce maigre revenu, il se retira aux Batignolles, et là, dans une petite maison, avec un jardin peuplé de lapins, de poules et de dindons, il commença la vie de producteur méthodique et infatigable qu'il mène depuis lors. La fortune ne favorisait pas l'éditeur Lacroix; il dut liquider et transmit les affaires entamées au phénix des éditeurs, nommé Charpentier.

Chez ce dernier, Zola, qui est très lent à composer et à écrire, se ralentit dans la livraison des deux volumes annuels stipulés. Il se trouva débiteur envers son éditeur de dix mille francs avancés par lui. Ce lui fut donc une douce surprise, quand Charpentier, l'appelant dans son cabinet, lui déclara que ses livres faisaient de l'argent, qu'il ne voulait pas abuser d'un contrat léonin et que non-seulement il le tenait quitte de l'avance, mais lui offrait une somme égale, l'associait, en outre, à ses bénéfices futurs et lui offrait une fort belle part sur le prix des volumes publiés antérieurement.

C'était pour Zola plus que la médiocrité dorée : c'était la richesse. Il prit courage. Au lieu de dépenser dans un gai et poétique *far niente* le capital acquis, il se mit au travail avec plus d'ardeur que jamais.

Ennemi des romantiques, Zola se proposa de vivre d'une façon toute différente et de mener une existence rangée, prosaïque pour ainsi dire. Son jardin, son cabinet de travail, ses amis peu nombreux, sa famille, quelques réunions chez l'éditeur Charpentier, sont les occupations qui l'absorbent et les distractions dont il jouit.

Il se lève toujours à la même heure, s'assied à son bureau, et écrit ses trois pages de roman, ni plus ni moins ; il fait la sieste pour restaurer le système nerveux et ne pas dépenser plus de substance cérébrale qu'il n'est nécessaire ; il s'éveille, fait de l'exercice, rédige d'un trait un article de critique fulminante où il flagelle ses confrères. Ensuite il va au théâtre ou passe la soirée au coin du feu.

Cette méthode est invariable et exacte comme la marche d'une pendule... quand elle marche bien s'entend.

Si l'on songe à la manière de vivre de la génération qui précéda Zola, on sera frappé du contraste. Dévorés par leur imagination ardente, la plupart des poètes et des écrivains du Romantisme purent dire avec notre Espronceda :

Toujours je fus le jouet de mes passions.

L'imagination, qui est pour Zola une servante fidèle et laborieuse, venant tous les matins à la même heure remplir son devoir et donner trois pages, était pour les romantiques une amoureuse, capricieuse et coquette, qui, lorsqu'ils y songeaient le moins, venait leur accorder ses faveurs les plus douces et ensuite s'envolait comme un oiseau. En entendant le bruissement de ses ailes, Alfred de Musset allumait des bougies, ouvrait les fenêtres de part en part *pour que la Muse entrât*. D'autres l'invoquaient, en surexcitant leurs facultés par l'abus du café, de l'opium ou de la bière ; et pour tous, ce qui est aujourd'hui pour Zola une fonction naturelle ou une habitude acquise comme celle de la sieste, était un heureux hasard.

Le visage, le maintien et même le costume ont une éloquence qui n'est peut-être pas accessible au profane, mais qui parle haut pour l'observateur. En comparant les portraits de quelques coryphées du romantisme avec le seul portrait de Zola que j'aie pu me procurer, j'ai compris, mieux qu'en lisant un volume d'histoire de la littérature moderne, quelle distance sépare *Graziella* de *L'Assommoir*. La pensée se grave sur le visage, les idées transparaissent sous la peau : les figures de la génération romantique resplendissent de ces enthousiasmes et de ces mélancolies, de cet idéal poétique et philosophique qui échauffe leurs œuvres.

Les longs cheveux, les traits fins, expressifs, plutôt décharnés, les costumes fantaisistes, les yeux flamboyants, le port altier et songeur à la fois sont des traits communs à l'espèce. On peut donner ce signalement tout aussi bien de la tête apollonienne et imberbe de Byron et de Lamartine que des têtes élégantes et rêveuses de Zorrilla, d'Espronceda et de Musset. Quant à Zola... sa figure est ronde, son crâne massif, sa nuque puissante, ses épaules larges comme celles d'une cariatide. Il est brun, son nez est camard, sa barbe dure, ses cheveux durs aussi et courts.

Ni dans son corps d'athlète, ni dans son regard scrutateur, il n'y a cette distinction, cette attraction mystérieuse, cette attitude aristocratique, un peu théâtrale, que Châteaubriand eut dans son beau temps, et qui fait qu'en contemplant son visage on demeure pensif et qu'on croit le voir encore.

Si le type de Zola présente quelques traits caractéristiques, c'est la force et l'équilibre intellectuel nettement indiqués par les dimensions et les proportions harmoniques du cerveau, que l'on devine à la forme de la voûte crânienne et à l'angle droit du front.

En résumé : le physique de Zola correspond au prosaïsme, à la conception mésocratique de la vie qui domine dans ses œuvres.

Et que l'on ne comprenne pas qu'en disant le prosaïsme de Zola, je me rapporte à ce fait qu'il traite dans ses romans des sujets bas, laids ou vulgaires. Gœthe pense que ces sujets n'existent pas et que le poète peut embellir tout ce qu'il choisit.

Je fais plutôt allusion au caractère, à la vie et aux actes de l'écrivain naturaliste, totalement dépourvus de ce que les Français appellent *rêverie*, et je fais allusion, en somme, à la proscription du lyrisme, à la réhabilitation du pratique, que suppose la conduite de Zola.

Comme les anciens athlètes, Zola fait profession de mœurs pures et honorables. Comme Flaubert, il se vante de préférer l'amitié à l'amour; il se déclare un peu misogyne ou ennemi du beau sexe, et méprise Sainte-Beuve, trop esclave des jupes. A cet orgueil de continence, Zola joint un autre orgueil de tendresse conjugale. Il parle toujours de sa femme, non pas d'une manière galante ou passionnée, — ce qui n'est pas dans ses notes, — mais affectueusement et avec une extrême cordialité. Sa vie intime est tranquille, exemplaire. Il fuit la société et se plaît avec sa femme à caresser l'espérance de se retirer, un jour, dans quelque village, dans quelque coin fertile et paisible.

Tel est le terrible chef du naturalisme, l'auteur diabolique dont le nom fait frémir les uns et met les autres en fureur ; le romancier dont les œuvres enflamment de rougeur le visage des dames qui les lisent par hasard, le chroniqueur des abominations, des impuretés, des péchés et des laideurs contemporaines. Il dit de lui-même : « Je suis un homme inoffensif, rien de plus. Malheureux que je suis ! je n'ai pas même un vice. »

On a comparé saint Augustin à un aigle ; Zola compare Balzac à un taureau : pourquoi ne me permettrai-je pas d'indiquer une ressemblance zoologique, en disant que l'animal qui a le plus de similitude avec Zola est le bœuf? Comme lui, il est vigoureux, puissant et lent. Comme lui, il ouvre peu à peu le sol et on voit l'effort de son opiniâtreté quand il remue profondément la terre en arrachant les pierres et les obstacles. Comme lui, il n'a ni grâce ni élégance, ni gaieté. Ses formes ne sont pas belles, ni sa démarche agile. Comme lui, il fait un travail solide et durable.

Là où la ressemblance s'arrête entre Zola et le bœuf, c'est à la douceur. Pour la lutte, il se change en taureau, et en taureau furieux, qui attaque aveuglément son adversaire, en supportant crispante sur sa dure peau les piqûres de la critique. Une personne sensible, timide, et chatouilleuse serait morte si on avait déchargé sur elle les insultes et les attaques qui ont plu sur Zola. Lui les reçoit, non pas avec indifférence, mais comme des stimulants et des coups d'éperon qui l'excitent davantage au combat.

Quand il publia l'*Assommoir*, la levée des boucliers fut générale. Il n'y a pas d'injures qu'on ne lui ait prodiguées. Comme il arrive d'ordinaire, le public confondit l'auteur avec l'œuvre ; il lui attribua les grossièretés et les délits de tous ses personnages, comme il accusa Balzac de libertinage, parce qu'il dépeignait des mœurs licencieuses. On crut même Zola vieux, laid, ou ridicule. On le prit pour un client du cabaret qu'il décrivait. On jura qu'il devait parler le jargon des bas faubourgs ; comme si pour connaître ce jargon et pour pouvoir le transporter sur le papier dans un livre comme l'*Assommoir*, il ne fallait pas être, avant tout, littérateur, et même philologue sagace.

Zola grandit devant les attaques qui durent beaucoup le flatter, d'après sa théorie que les œuvres discutées sont les seules à valoir et à vivre. Dédaignant l'opinion de la foule de ses admirateurs comme de celle de ses insulteurs, il ne tient aucun compte du jugement de la multitude. Il se propose de la dompter et de lui imposer le sien. Sur ses lèvres, ce n'est pas le doux sourire de Daudet que l'on voit ; c'est une moue de défi et d'orgueil. Il ne séduit pas, il défie. Il ne se repent pas ni ne se corrige, il accentue sa manière à chaque livre. Des éditions innombrables, une célébrité bruyante, des traductions dans toutes les langues; les colonnes de la presse pleines du bruit de son nom, notre transformation littéraire comme coulée dans ses moules, ce sont là des motifs suffisants pour que Zola, malgré la boue qu'on lui jette au visage, croie que le triomphe lui appartient et que c'est lui qui a su trouver le goût de notre siècle.

XI

SOMMAIRE

Les Rougon-Macquart. — *Théorie scientifique de l'œuvre : sa force et sa faiblesse.*

XI

Le cycle de romans, auquel Zola doit sa tapageuse renommée, a pour titre *Les Rougon-Macquart, histoire naturelle et sociale d'une famille sous le second empire.* Cette famille est atteinte dans son tronc même par la névrose, et la lésion se communique à toutes les branches de l'arbre, en adoptant différentes formes. Tantôt c'est une folie furieuse et homicide, tantôt le crétinisme, tantôt l'ivrognerie, tantôt le génie artistique. Le romancier, après avoir lui-même tracé l'arbre généalogique de la race des Rougon, avec ses mélanges, ses fusions et ses sauts en arrière, retrace les métamorphoses de la terrible maladie héréditaire, en étudiant dans chacun de ses romans un cas d'un mal si mystérieux.

Remarquez que l'idée fondamentale des *Rougon-Macquart* n'est pas artistique, mais scientifique, et que les antécédents du fameux cycle, si nous y regardons bien, se trouvent dans Darwin et dans Hæckel plutôt que dans Stendhal, dans Flaubert ou dans Balzac. La loi de *transmission héréditaire* qui imprime des caractères indélébiles aux individus dans les veines desquels court un même sang, la loi de la *sélection naturelle*, qui élimine les organismes faibles et conserve ceux qui sont forts et propres à la vie ; la loi de *la lutte pour l'exis-*

tence qui remplit un rôle analogue ; la loi de l'*adaptation* qui approprie les êtres organiques au milieu dans lequel ils vivent, en somme, toutes les lois qui forment le corps des doctrines évolutionnistes prêchées par l'auteur de l'*Origine des espèces*, ont leur application dans les romans de Zola.

Attentifs seulement à l'aspect littéraire de ses romans, les critiques se rient de l'appareil scientifique déployé par le chef de l'école naturaliste. Ceci me semble une légèreté évidente : Zola n'est pas en effet un Edgar Poë qui se serve de la science comme d'une fantasmagorie amusante ou un moyen d'exciter la curiosité du lecteur. Négliger l'effort scientifique chez Zola, c'est se résoudre de propos délibéré à ne pas le comprendre, c'est ignorer où réside sa force, en quoi consiste sa faiblesse et comment il formula l'esthétique du naturalisme.

Je dis sa force, parce que notre époque goûte

les tentatives de fusion entre les sciences et l'art, même quand elles s'accomplissent d'une manière aussi bébête que dans les livres de Jules Verne. Les petits journalistes auront beau lancer à Zola des moqueries et des *mots* à propos de son fameux arbre généalogique et de ses prétentions de physiologiste et de médecin. Ils n'empêcheront pas que la génération nouvelle ne marche derrière ses œuvres, attirée par l'odeur des idées dont on l'a nourrie dans les écoles, dans les amphithéâtres, dans les athénées et dans les revues, mais dépouillées ici de la sévérité didactique et vêtues de chair.

Je dis sa faiblesse parce qu'il est vrai que si nous exigeons aujourd'hui de l'art qu'il s'appuie sur les bases inébranlables de la vérité, comme il n'a pas pour objet principal de la rechercher, et que c'est là, au contraire, l'objet de la science, l'artiste qui se propose un but différent de la réalisation de la beauté verra tôt ou tard, avec une infaillible sûreté, se découronner le monument qu'il élève. Zola tombe sciemment dans une grave hérésie esthétique ; et n'en doutons pas, il sera châtié par où il a surtout péché.

Quelqu'un qui dominerait avec une égale puissance les lettres et la science, pourrait écrire un livre curieux sur le *darwinisme dans l'art contemporain.* On y trouverait la clé du pessimisme, non poétique comme chez Léopardi, mais dépressif, qui s'exhale des romans de Zola comme une vapeur noire et méphitique ; la clé du goût de décrire et de montrer *la bête humaine,* c'est-à-dire l'homme esclave de l'instinct, soumis à la fatalité de sa complexion physique et à la tyrannie des milieux ; la clé de la préférence mal dissimulée pour la reproduction de types qui démontrent la thèse : idiots, hystériques, ivrognes, fanatiques, fous, tous gens aussi dépourvus de sens moral que les aveugles le sont de sensibilité dans la rétine..

Les darwinistes logiques et enragés, pour appuyer leurs théories de la descendance de l'homme, aiment à nous rappeler les tribus sauvages de l'Australie et à nous décrire ces maladies dans lesquelles la responsabilité et la conscience sombrent. Zola les imite et, dans un élan de sincérité, déclare qu'il préfère l'étude du cas pathologique à l'étude de la situation normale, qui est pourtant la plus fréquente dans la réalité.

Ici une question.

Zola est-il blâmable de baser ses travaux artistiques sur la science moderne et de les consacrer à la démontrer ? N'est-ce pas là plutôt un projet louable ?

Voyons d'abord quelles sont les sciences que Zola interroge.

Ce n'est pas ici le cas de discuter la certitude ou la fausseté du darwinisme et de la doctrine évolutionniste. Je l'ai fait ailleurs du mieux que j'ai su et je le rappelle non point pour me louer, mais afin que les malicieux ne m'accusent pas de parler ici de choses que je n'ai pas essayé de comprendre. Pour me borner à exposer le jugement d'auteurs impartiaux, je dirai seulement que le darwinisme n'appartient pas au nombre de ces vérités scientifiques démontrées avec évidence par la méthode positive et expérimentale que préconise Zola, comme, par exemple, la corrélation des forces, la gravitation, certaines propriétés de la matière et beaucoup d'étonnantes découvertes astronomiques. Jusqu'à ce jour, ce n'est qu'un système hardi, fondé sur quelques principes et quelques faits certains, mais riche en hypothèses gratuites qui ne reposent sur aucune preuve solide, quoique de nombreux savants spécialistes les recherchent assidûment en Angleterre, en Allemagne et en Russie.

En matière de sciences exactes, physiques et naturelles, nous avons le droit d'exiger une démonstration, sans laquelle nous nous refusons absolument à croire, nous repoussons l'arbitraire : tout l'appareil scientifique de Zola tombe donc à terre, quand on songe qu'il n'est pas la résultante de sciences sûres, dont les données soient fixes et invariables, mais de celles que lui-même déclare en être encore au balbutiement et rester aussi ténébreuses que rudimentaires : ontogénie, philogénie, embryogénie, psychophysique. Ce n'est pas que Zola les interprète à son gré ou en fausse les principes. C'est que ces sciences sont par elles-mêmes romanesques et vagues. C'est que plus le savant sévère les trouve indéterminées et conjecturales, plus elles ouvrent un champ large à l'imagination du romancier.

Que reste-t-il donc à Zola, s'il a basé sur des assises aussi glissantes l'édifice orgueilleux et babylonien de sa *Comédie humaine*? Il lui reste ce que ne lui peuvent donner toutes les sciences réunies. Il lui reste le véritable patrimoine de l'artiste, son grand et indiscutable talent, ses qualités non communes de créateur et d'écrivain. Quand tout passe, quand tout croule, c'est là ce qui reste. Avec son influence immense sur les lettres contemporaines, voilà ce que l'avenir reconnaîtra encore à Zola.

Si Zola était uniquement l'auteur pornographique qui arrête la foule, la fait s'attrouper curieusement et puis se disperser rougissante et ennuyée, si c'était le savant *à la violette* qui colore ses récits d'un vernis scientifique, Zola n'aurait de public que le vulgaire. La critique littéraire et philosophique ne trouverait pas dans ses œuvres un sujet sur lequel s'exercer. Consacre-t-on de longs articles à l'examen des romans si populaires et si amusants de Verne? Perd-t-on son temps à censurer les romans tout aussi populaires de Paul de Kock? Tout cela est chose frivole, chose qui n'a pas d'importance. Les romans de Zola sont des figues d'un autre panier; et son auteur, en dépit de toutes les réserves, est un grand artiste, un très grand artiste, un artiste extraordinaire.

Il y a, dans ses livres, des passages et des morceaux que, dans leur genre, on peut appeler définitifs, et je ne crois pas téméraire d'affirmer que nul n'ira plus loin. Les dépravations causées par l'alcool dans *L'Assommoir*, avec ce terrible épilogue du Delirium tremens, la peinture des Halles dans le *Ventre de Paris*; la première partie si délicate d'*Une page d'amour*; la gracieuse idylle des amours de Sylvère et de Miette dans la *Fortune des Rougon* ; le caractère du prêtre ambitieux dans *La conquête de Plassans*; la richesse descriptive de *La faute de l'abbé Mouret* et mille autres beautés prodiguement éparpillées dans ses livres, sont presque inégalables. Zola touche l'esprit en faisant preuve d'une puissante intelligence, d'un regard pénétrant, ferme, scrutateur, par l'abondance des arabesques et des filigranes charmants.

Ayons le courage de le dire, puisque tous le pensent : il y a du beau chez l'auteur de *L'Assommoir*.

Quant à ses défauts, je dirais mieux, à ses excès, ils sont tels, il les grossit et les accentue tellement qu'ils seront insupportables, s'ils ne le sont déjà pour la majorité.

C'est un péché originel que de prendre pour titre non pas d'un roman, mais d'un cycle entier de romans, l'odyssée de la névrose à travers le sang d'une famille. Si l'on considérait cela comme un cas exceptionnel, nous prendrions encore patience ; mais si, dans les *Rougon*, on représente et on symbolise la société contemporaine, nous protestons et nous ne consentons pas à nous croire un troupeau de malades et de fous, ce que sont, en un mot, les Rougon. Dieu merci, il y a de tout dans le monde ; et même dans ce siècle de tuberculose et d'anémie, il ne manque pas de gens qui ont un esprit sain dans un corps sain !

Le lecteur curieux va dire que, d'après cela, Zola n'étudie que des cas pathologiques ! que dans la galerie de ses personnages il n'y en a aucun qui ne souffre de l'âme ou du corps, ou des deux à la fois. Si, il y en a, mais si nuls et si inutiles que leur santé et leur bonté se traduisent en inertie et qu'elles se rendent presque plus haïssables que la maladie et le vice. A l'exception de Silvère, — qui, à la rigueur, est un fanatique politique, — et de l'émouvante et angélique Lalie de *L'Assommoir*, les héros vertueux de Zola sont des marionnettes sans volonté ni force. Le bien fait bâiller et chute de pure bêtise. Voyez l'étrange femme honnête de *Pot-Bouille*, et le héros imbécile du *Ventre de Paris* ! C'est à faire préférer les gredins qui, du moins, sont décrits de main de maître et qui n'endorment pas.

Quand un écrivain parvient à découvrir le

filon des idées latentes ou dominantes de son siècle, quand il se fait l'interprète de ce qui le caractérise le mieux soit en mal soit en bien, il doit abonder forcément dans le sens des erreurs de l'époque même qu'il interprète. Cette action mutuelle de l'auteur sur le public et du public sur l'auteur favori, explique assez les erreurs que commettent des talents clairs et profonds, mais qui enfin portent le sceau de leur époque.

Les romans de Zola ne sont pas nés dans la poussière des bibliothèques pleines de livres classiques. Ils ne se sont point envolés comme de resplendissants papillons, caressés par le soleil de l'imagination de l'auteur. Ils ont vu le jour dans l'enclos où Darwin croisa des individus d'une même espèce zoologique pour les modifier, dans le laboratoire où Claude Bernard effectua ses expériences et où Pasteur étudia les fermentations empoisonnées et le mode grâce auquel une seule et microscopique bactérie infectionne et décompose un grand organisme : l'idée de *Nana*. Avant que Zola dessinât l'arbre généalogique des Rougon-Macquart, Hæckel, avec des traits semblables, avait tracé celui qui unit les lémurides et les singes anthropomorphes avec l'homme. Avant que Zola niât le libre arbitre et proclamât le pessimisme, le vide et le néant de l'existence, Schopenhauer et Hartmann lièrent la volonté humaine à la roue de fer de la fatalité et déclarèrent que le monde est un rêve creux, ou plutôt un ennui.

On ne peut douter qu'il existe cette intime relation entre les romans de Zola et les théories et les opinions scientifiques de notre siècle, quoique de nombreux critiques affirment que Zola manque de culture philosophique et technique, qu'il ignore beaucoup de choses, et que ce qu'il sait est bien peu. D'abord, cette ignorance de Zola est relative, puisqu'elle se borne uniquement aux détails, et qu'elle n'empêche pas son intelligence d'embrasser la synthèse et l'ensemble des doctrines. Or, pour acquérir ce savoir, il n'est pas nécessaire d'y perdre sa vue, il suffit de lire quelques articles de revue et une douzaine de volumes de la *Bibliothèque scientifique internationale*. D'ailleurs, c'est la marque de l'artiste, et Zola en est un, que l'intuition rapide et sûre qui lui permet de refléter et d'incarner dans ses œuvres d'une manière surprenante ce qu'il a à peine entrevu.

En outre, les miasmes de sciences romanesques, que nous pourrions appeler les légendes positivistes, flottent dans l'atmosphère comme les germes étudiés par Pasteur, et pénètrent insensiblement dans les créations de l'art.

Notons dans le chapitre des charges contre Zola que ses travaux réalistes s'appuient sur une science incertaine et obscure. Puis oubliant ses idées philosophiques, étudions ses procédés artistiques et sa rhétorique spéciale.

XII

SOMMAIRE

L'impersonnalité du romancier chez Zola. — Le style. — La poésie. — Tendance qu'il attribue chez lui au romantisme. — L'intervention indirecte du romancier. — Vérité de l'observation. — Symbolisme. — Les inimitiés que Zola a ameutées contre lui.

XII

Tous les réalistes et tous les naturalistes modernes, sauf Daudet, imitent Flaubert dans l'*impersonnalité*. Ils contiennent toute manifestation de leurs sentiments, n'interviennent pas dans leurs récits, et évitent de les interrompre par des réflexions et des digressions. Zola outre le système en le perfectionnant.

En lisant un roman quelconque, on remarque facilement combien les pensées des personnages, vraies et subtilement déduites cependant, se trouvent baignées et couvertes d'un vernis particulier à l'auteur, si bien qu'il semble penser aux lieu et place du héros. Zola, — et c'est là que commencent ses innovations — présente les idées dans la forme irrégulière, dans la succession désordonnée mais logique de leur affluence au cerveau, sans les ranger en périodes oratoires ni les enchaîner en raisonnements médités. Grâce à cette méthode habile et très difficile à force d'être simple, il réussit à nous donner l'illusion *que nous voyons penser ses héros.*

L'idée éveillée subitement au choc de la sensation, — cela est indubitable, — parle un langage beaucoup moins artificiel que celui que nous employons en la formulant au moyen de la parole. Si parfois la langue va plus loin que la pensée, d'une manière générale les perceptions de l'entendement et les élans de la volonté sont violents et concis ; la langue les habille, les déguise et les atténue en les exprimant. Les romanciers, quand ils levaient les couvercles des crânes comme Asmodée les toits des maisons, et qu'ils voulaient nous montrer leur activité intérieure, employaient des périphrases et des circonlocutions. Zola a été le premier peut-être à les supprimer, comme le confesseur, lorsque le pénitent, par pudeur ou par désir de rendre sa conduite plus honorable, cherche des détours et choisit des phrases ambiguës et des mots obscurs, déchire les voiles dont l'âme s'enveloppe et dit le mot propre que le pécheur n'osait employer.

Ceux qui affirment que la phrase crue, vulgaire et brutale, que la pensée cyniquement mise à nu, sont tout le style grossier de Zola, n'en sont pas plus justes pour cela. Beaucoup le croient ainsi, qui de ses œuvres ne connaissent que le pire du pire, c'est-à-dire cela seulement qui flatte leur curiosité dépravée. Dans l'ensemble de ses œuvres, le créateur d'Albine, d'Hélène et de Miette, sacrifie sur les autels de la poésie. S'il inventa, comme le disent ses adversaires, *la rhétorique de l'égoût*, il mit aussi le pied bien des fois, comme il le déclare lui-même, dans des prés couverts d'herbe et de fleurs.

Je ne crois pas que ce soit de la prose que la symphonie descriptive, que le poëme paradisiaque qui fait un tiers de *la Faute de l'abbé Mouret*, et où le même burin ferme qui grava dans le métal le style canaille des Halles et des Faubourgs de Paris, sculpta les formes splendides de la riche végétation qui croît dans cette serre vue en rêve, s'y multiplie et en brise les barrières en embaumant l'air. Ce n'est pas seulement dans *la Faute de l'abbé Mouret* que Zola s'abandonne au plaisir de bâtir une chaude poésie avec des éléments réels. Il l'a fait dans beaucoup d'autres livres.

La Fortune des Rougon avec son amoureux duo d'adolescents ; *La Curée* avec sa superbe serre d'hiver, ses intérieurs somptueux poétisés par l'art et par le luxe ; *Une page d'amour* avec ses cinq descriptions de la même ville, vue tantôt aux rougeoiements du crépuscule, tantôt à la lueur de l'aube, descriptions qui sont un pur caprice de compositeur, une série de gammes ascendantes destinées à montrer l'agilité des doigts et la puissance du clavier ; enfin, même *Nana* et l'*Assommoir* dans certaines pages, prouvent l'inclination de Zola à *faire beau* artificiellement en dominant le vulgaire, le laid et l'horrible du sujet. Zola reconnaît et avoue cette propension qui se communique à son école. Il la considère comme un défaut grave, héritage des romantiques. Son aspiration suprême, son idéal, serait d'atteindre un art plus épuré, plus grandiose, plus classique, où au lieu d'échelles chromatiques ou d'arpèges compliqués, la simplicité et le naturel de la facture seraient unis à la majesté du thème.

Zola convient que son style, loin de posséder cette simplicité et cette pureté qui rapprochent, en quelque sorte, la nature de l'esprit et l'objet du sujet, cette sobriété qui exprime chaque idée par les mots strictement nécessaires et propres, est surchargé d'adjectifs, panaché, enrubanné et bariolé à l'infini, si bien que l'avenir le jugera peut-être de qualité inférieure. Ces défauts sont-ils réellement dus à la tradition romantique? ou plutôt ces lignes pures et sculpturales que Zola ambitionne et que nous ambitionnons tous, n'excluent-elles pas l'ondulation continuelle du style, le détail minutieux mais riche et palpitant de vie qu'exige et que goûte le public moderne?

Bref, Zola, loin d'être négligent, vulgaire ou incorrect, pèche parfois par la recherche. Les critiques français qui ne l'ignorent pas et lui veulent du mal, à côté des accusations de grossièreté, de brutalité et d'indécence, lui lancent une accusation bien plus fondée, en l'appelant auteur quintessencié et léché. Le chef du Naturalisme manque de naturel et de simplicité. Il ne le nie pas et il l'impute au romantisme qu'il a sucé avec le lait.

Artiste plein de nuances, de jolivetés et de raffinements, on dirait cependant que sa prose manque d'ailes, qu'elle est liée par des liens invisibles, et qu'il lui manque ce doux abandon, cette facilité, cette harmonie et ce nombre que possédait Georges Sand. Son style égal et plan, est en réalité très travaillé, savamment disposé, prémédité à l'extrême, et certaines phrases qui semblent écrites à la grâce de Dieu et sans autre but que celui d'appeler les choses par leur nom, sont le produit de calculs esthétiques que l'habileté de l'auteur ne parvient pas toujours à dissimuler.

Même la valeur euphonique des mots et surtout leur vigueur, comme touches de lumière ou taches d'ombre, sont combinées chez Zola pour produire de l'effet, de même que la manière d'employer les temps des verbes. S'il dit *allait* au lieu de *fut*, ce n'est pas par hasard ou par négligence ; c'est parce qu'il veut que nous nous représentions l'action de plus près. Quand il emploie certains diminutifs, certaines phrases de pitié ou d'ennui, nous entendons la pensée du personnage formulée par la bouche de l'auteur, sans qu'il soit besoin de ces sempiternels monologues qui occupent tant de pages chez d'autres romanciers.

On a reproché, et l'on reproche encore à l'école naturaliste, la longueur des descriptions ; mais que de *prézolistes* il y eut pour la description ! Seulement dans les anciens romans anglais, ce qui était lourd et interminable, c'était la peinture des sentiments, des passions et des aspirations de leurs héros et de leurs héroïnes, de leurs grandes batailles avec eux-mêmes, et de leurs plaintes amoureuses. Chez Walter-Scott, c'était tout, paysages, peintures, costumes et dialogues. Qui fut plus prolixe que Rousseau pour étaler le décor ?

La différence entre les idéalistes et Zola consiste en ce que celui-ci préfère aux châteaux poétiques, aux lacs, aux vallées et aux montagnes, les villes, leurs rues, leurs halles, leurs palais, leurs théâtres et leurs chambres de députés, et en ce qu'il insiste autant sur des détails caractéristiques et éloquents que sur des riens de peu d'importance. Le lecteur a-t-il vu parfois des portraits à l'huile peints en se servant d'un verre grossissant ? A-t-il observé comment on y distingue les rides, les verrues, les grains de beauté et les plus imperceptibles dépressions de la peau. L'impression produite par ces portraits a quelque chose d'analogue à celle que causent certaines descriptions de Zola.

On aime mieux regarder une toile peinte seulement d'après les yeux, librement et franchement. Il n'est cependant pas permis, pour cela, de dire que les descriptions de Zola se réduisent à de simples inventaires. Ceux qui l'assurent devraient essayer des inventaires de ce genre; ils verraient que ce n'est pas si facile. Les descriptions de Zola, poétiques, sombres ou humoristiques, remarquez que je ne dis pas gaies, constituent une partie qui n'est point mince de son mérite original et sont l'écueil le plus grave pour ses malheureux imitateurs. Certes oui, ceux-là nous donneront des listes d'objets, si, comme il est probable, le sort leur refuse le privilège d'interpréter le langage de l'aspect des choses, et le don de l'opportunité et de la mesure artistique.

Ce sera aussi le sort de tous ceux qui pensent que la méthode réaliste se réduit à copier la première chose que l'on voit, laide ou belle, laide de préférence, et qu'un groupe de copies de ce genre forment un roman.

J'ai lu, je ne sais où, qu'un blanc-bec disait à un sculpteur, en lui montrant la Vénus qu'il terminait : « Apprenez-moi à en faire une autre comme celle-là ; ce doit être facile ! » Le sculpteur lui répondait : « Très facile ! il n'y a qu'à prendre un bloc de marbre et à enlever les morceaux qui sont de trop. »

L'ironie de l'artiste est applicable au roman.

Zola a formulé son esthétique et sa méthode avec assez de clarté et de prolixité, en sept volumes *seulement*, et il les a appliqués dans quinze ou vingt romans. Non content de cela, lui et ses disciples, renseignent à l'envie le public et lui révèlent les secrets du métier. Ils expliquent comment on travaille, comment on recueille des notes, comment on les classe et comment on les emploie ; comment on part des antécédents de famille, pour reconstituer le caractère et la situation d'un personnage. Les romanciers d'autrefois, tout au contraire, aimaient à s'entourer de mystère et à rendre mythique la naissance de leurs œuvres.

Cependant, malgré tant de recettes, il est

des gens qui ne les appliquent point, en dépit de la gloire croissante et du profit que Zola et Daudet retirent de leurs livres, ce qui pullule maintenant, ce sont des romanciers idéalistes de l'école de Cherbuliez et de Feuillet, de ceux qui imaginent au lieu d'observer et qui rêvent éveillés. En effet, si la vie, la réalité et les mœurs sont sous les yeux de tout le monde, peu de gens savent les voir et moins encore les expliquer. Le spectacle est unique, les yeux et les intelligences sont différents.

Là se pose une autre question. Zola prétend observer la vérité et assure que ses livres en sont ourdis. Ne se trompe-t-il pas? L'imagination serait-elle aussi un élément de ses œuvres?

Quand il écrivit *l'Assommoir*, il ne manqua pas de gens pour lui dire, qu'il défigurait et qu'il noircissait le peuple; les critiques crièrent plus fort encore contre l'exactitude de *Nana* et de *Pot-Bouille*. Si *Nana* est une œuvre fausse, pour moi les mensonges de *Nana* sont sans contrôle ; quant à *Pot-Bouille*, l'exagération me semble indubitable. Et plutôt qu'*exagération* je l'appellerai *symbolisme*, ou si l'on veut, *vérité représentative*. Quoique cela semble un paradoxe, le symbole est une des formes usuelles de la rhétorique zoliste ; l'esthétique de Zola, faut-il le dire, est parfois symbolique... comme celle de Platon.

Allégories déclarées (*la Faute de l'abbé Mouret*), ou voilées (*Nana, la Curée, Pot-Bouille*), ses livres *représentent* beaucoup plus qu'ils ne *sont* en réalité.

Dans *la Faute*, l'auteur ne cache pas ses intentions symboliques. Tout jusqu'au nom *Paradou* (paradis), et à l'arbre gigantesque à l'ombre duquel le péché est commis, tout rappelle la Genèse. *Nana*, la courtisane impure, la mouche d'or couvée dans les fermentations du fumier parisien et dont la piqûre infectionne, désorganise et tue tout, n'est-ce pas un autre symbole? Sur la blonde tête de Nana, l'auteur accumula toutes les immondices sociales, déversa la coupe emplie d'abominations et fit de la grisette pervertie un énorme symbole, une incarnation colossale du vice. Par le même procédé, dans la maison bourgeoise de *Pot-Bouille*, il réunit toutes les hypocrisies, toutes les perversités, toutes les plaies et toutes les pourritures qu'il y a dans la bourgeoisie française.

Bien qu'il soit allé à Paris, comme presque tout le monde y est allé, un étranger peut difficilement se rendre compte si les mœurs françaises sont aussi mauvaises. Là-bas, on parle de maux qui, ici, grâce à Dieu, ne nous affligent pas encore, et le cens des habitants y fournit des chiffres et y indique une décroissance de population qui doit suggérer de profondes réflexions aux hommes d'Etat de la nation voisine.

Malgré tout cela, je crois que la méthode

d'accumulation, qu'emploie Zola, arrive à enfler la réalité, c'est-à-dire, la noirceur et la tristesse de la réalité, et que le romancier procède comme les prédicateurs, quand dans un sermon ils grossissent les péchés dans le but de pousser l'auditoire au repentir. En somme, je tiens Zola pour un pessimiste et je crois qu'il voit l'humanité plus laide, plus cynique et plus basse qu'elle n'est. Plus cynique surtout, car ce *Pot-Bouille*, plutôt qu'une étude de mœurs bourgeoises, semble la peinture tout à la fois d'un lupanar, d'un bagne en liberté et d'une maison de fous.

Je ne voudrais pas me tromper en jugeant Zola, ni l'attaquer ni le défendre plus qu'il n'est juste. Je sais qu'il est à la mode de faire des haut-le-cœur en entendant son nom, mais, en littérature, que signifient les haut-le-cœur? C'est une chose que le génie et le talent; une autre que les licences, les écarts, les erreurs d'une école!

Dans son pays même, Zola est détesté. Gambetta le haïssait, parce que Zola l'avait discuté comme écrivain et comme orateur. L'Académie, l'Ecole normale, tous les romanciers idéalistes, tous les auteurs dramatiques, la *Revue des Deux-Mondes*, Mme Edmond Adam, exècrent Zola, l'excommunient et feignent de ne pas le voir. Peut-être nous autres, placés à distance plus grande, apprécierons-nous mieux la grandeur du chef des naturalistes et préfèrerons-nous l'entendre à nous scandaliser.

XIII

SOMMAIRE

La morale et le roman naturaliste. — Le fatalisme. — Les jeunes filles et la littérature. — La seule morale, c'est la morale catholique. — Indulgence des idéalistes pour les romantiques. — Le Don Quichotte. — L'adultère et le roman naturaliste. — Résumé de la question.

XIII

Zola nous amène à entamer la question, bien souvent traitée et mal éclaircie, de la morale dans l'art littéraire, et spécialement dans l'école réaliste.

Avant tout, tâchons d'éviter de faire de la philosophie. Je sais très bien que dans l'Essence divine les attributs de vérité, de bonté et de beauté sont réunis; mais je sais aussi avec une certitude expérimentale, que dans les œuvres humaines, ils se trouvent séparés, et toujours à un degré relatif.

Un final d'opéra, où le ténor meurt en chantant, peut être *très beau* et il n'y a pas de chose plus éloignée de *la vérité*. Un groupe licencieux de sculpture païenne peut être *beau* sans être *bon*. Ceci me semble évident par soi-même, et je crois oiseux de l'appuyer sur des raisonnements, parce qu'il y a dans la perception de la beauté quelque chose d'ineffable qui résiste à la logique et ne se démontre ni ne s'explique.

Pour en venir maintenant aux relations de la morale et des nouvelles écoles littéraires, je commencerai par observer que c'est une erreur fréquente chez les adversaires du réalisme que de confondre deux choses aussi distinctes que l'*immoralité* et la *grossièreté*. L'immoral c'est seulement ce qui excite au vice; le *grossier* tout ce qui combat certaines idées de délicatesse, basées sur les mœurs et les usages sociaux. La seconde faute est donc vénielle, on le comprend : la première est forcément mortelle.

Je l'ai déjà indiqué dans plusieurs endroits de ces études, l'immoralité du naturalisme est la résultante de son caractère fataliste, c'est-à-dire du fonds de déterminisme qu'il recèle. Tout écrivain réaliste est libre de s'écarter d'un chemin aussi serpenteux, que n'ont jamais suivi nos meilleurs classiques, qui étaient cependant réalistes et très réalistes.

Bien peu d'entre les critiques qui crient le plus fort contre le naturalisme, s'aperçoivent des mauvaises herbes déterministes qui croissent dans le jardin de Zola. La charge la plus grave qu'ils élèvent contre lui, — et en se voilant la face, — c'est que ses livres ne peuvent être mis entre les mains des jeunes filles.

-Mon Dieu ! il faudrait en premier lieu commencer par élucider s'il convient mieux aux jeunes filles de vivre dans une innocence paradisiaque ou de connaître la vie, ses écueils, ses récifs afin de les éviter. Ce problème, comme presque tous les problèmes, se résout dans chaque cas d'après les circonstances, parce qu'il existe autant de caractères différents que de jeunes filles et que ce qui convient à l'une serait peut-être funeste à l'autre. Allez après cela établir des règles absolues ! Il en est de cette question comme de celle des aliments. Chaque âge et chaque estomac en exigent de différents. Proscrire un livre parce que toutes les jeunes filles ne peuvent en nourrir leur intelligence, c'est comme si nous jetions par la fenêtre un morceau de viande, sous prétexte que les enfants qu'on allaite ne la mangent pas. Donnez-donc au bébé son *lolo*, et l'adulte appréciera à sa valeur la nourriture forte et nutritive.

Combien nous sommes las d'entendre louer certains livres qu'on vante seulement parce qu'ils ne contiennent rien qui puisse faire rougir une jeune fille ! Et pourtant, au point de vue littéraire; ce n'est pas un mérite, ni un défaut, pour un livre que de ne pas faire rougir les jeunes filles.

Les étrangers ont bien plus d'esprit : ils comprennent que le genre de lecture varie selon les âges et les situations, et que depuis le temps où l'enfant épelle jusqu'à celui où l'homme atteint la plénitude de sa raison, il y a une période durant laquelle il doit lire quelque chose. Ils écrivent donc des livres à la portée de l'enfance et de la jeunesse, ouvrages qui sont rédigés souvent par des plumes habiles et fameuses, qui ont l'habitude de s'adapter au degré de développement auquel sont arrivées les facultés du public spécial à qui elles s'adressent. Chez nous on écrit aussi des livres anodins et douceâtres ; seulement leurs auteurs prétendent intéresser tous les âges, quand en réalité ils ne font que les ennuyer tous.

Je trouve un autre grave inconvénient dans les livres hybrides qui aspirent à corriger en amusant. Comme chaque auteur entend la morale à sa manière, ils l'expliquent ainsi : je laisse au jugement du lecteur de décider ce qui est le plus mauvais, de laisser la morale de côté ou de la falsifier.

Pour moi, il n'y a d'autre morale que la morale catholique, et ses préceptes me semblent seuls purs, droits, sains et parfaits. C'est dire que, si un auteur puise ses moralités dans Hégel, Krauss ou Spencer, je les tiendrais pour pernicieuses. Rousseau, Georges Sand, Alexandre Dumas fils, et cent autres romanciers qui s'érigent en maîtres de morale du genre humain, qui écrivent des romans à thèses et à théories, me semblent d'une lecture plus funeste que n'est Zola, en admettant que le lecteur les prenne au sérieux.

L'opinion générale est que la moralité d'une œuvre consiste à montrer la vertu récompensée et le vice puni : doctrine insoutenable devant la réalité et devant la foi.

S'il n'y avait d'autre vie que celle-ci, si, dans un autre monde de vérité et de justice, chacun n'était pas récompensé selon ses mérites, la morale exigerait que dans cette vallée de larmes toutes choses fussent dans l'ordre ; mais vouloir qu'un romancier modifie et corrige les desseins de la Providence, cela me semble un souci ridicule.

De toute manière, que ce soit immoralité ou grossièreté que l'on trouve dans le réalisme, les rugissements de la presse et du public, le grand *tolle* qui nous étourdit les oreilles, semblent dénoncer l'apparition d'un mal nouveau et inconnu, comme si, jusqu'à cette date, les lettres eussent été un miroir d'honnêteté et de pudeur. Cependant, il y a bien des années, Valera, discutant avec Nocédal, dit spirituellement que les temps heureux où la littérature fut irréprochable n'étant jamais arrivés, personne ne pouvait en désirer le retour. Cette grande vérité que Valera démontre avec son élégante érudition accoutumée, il n'est nul besoin d'en donner la preuve à quiconque connaît un peu nos classiques et notre ancien théâtre. Seulement les adversaires du naturalisme emploient une tactique de mauvaise foi. Ils lui reprochent de n'être pas nouveau, tout aussi bien que pour le rabaisser ils lui opposaient l'exemple de la littérature antérieure.

Trouverions-nous, par hasard, dans un temps plus récent que le siècle d'or, des modèles de cette littérature pudique et austère ? J'ai été élevée dans l'abstinence et la sainte horreur des romans romantiques. Quoique j'aie lu, dans mon enfance, l'*Iliade* et le *Don Quichotte* au point d'en apprendre des morceaux par cœur, je n'ai jamais pu posséder un exemplaire d'Espronceda ou de *Notre-Dame de Paris*, ouvrages que leur réputation satanique éloignait de mes mains. Si les classiques ont péché, et les romantiques aussi, pourquoi faire peser sur les naturalistes et les réalistes tout le poids de la faute ?

C'est chose étrange de voir chaque école passer une indulgente éponge sur ses propres immondices et montrer du doigt celles des autres !

Les néo-classiques absolvent aujourd'hui les écrivains païens, en alléguant qu'ils ne connurent pas le Christ ; beaucoup d'entre eux écrivirent cependant après que l'Evangile eût été annoncé. La nature seule, à défaut de religion, ne proscrit-elle pas assez certaines abominations, au récit desquelles se complaisent les poètes latins ?

A leur tour, les idéalistes pardonnent les écarts romantiques, parce que, quand bien même un héros romantique ferait comme Werther l'apologie du suicide, ou douterait de l'air même qu'il respire comme Lélia, il aurait l'excuse de suivre les voies de l'idéal. Qu'importe que le corps se vautre dans la boue, pourvu que le regard soit fixé vers les étoiles !

Pour rendre honnêtes les crudités qui abondent chez Tirso et Quevedo, on parle de la candeur et de la simplicité de l'époque à laquelle ils vivaient. Celui qui ne veut pas se contenter de ces excuses, c'est bien sa faute !

Les défenseurs de ces écoles me diront que ce n'est pas à cause de ces taches, mais, malgré elles, qu'ils vantent Horace, Espronceda, et tous les saints de leur dévotion : pour nous c'est tout la même chose. Quand Zola pèche contre le goût je puis fort bien dire, pour ma part, que je n'y trouve nul plaisir. Je le préférerais plus réservé et, bien sûr, je ne loue pas chez lui les fautes mais les beautés.

Maintenant si quelqu'un me demande où commencent ces écarts et jusqu'où va la liberté que peut s'accorder l'écrivain, je ne saurais le dire. Les limites en sont extrêmement variables, le tact, la sûreté de main que possède un grand talent lui servent seuls de guides, pour ne point s'écarter de la route et pour se redresser s'il tombe. Il est indéniable que le *Don Quichotte* contient des passages bien peu attiques, que l'on peut avec justice appeler grossiers. Cependant ce sont des parties de ce divin tout : le génie de Cervantès les a marquées de son estampille et, pour le déclarer d'une fois, elles sont très bien où elles sont et je ne les effacerais pas s'il dépendait de moi de les supprimer. J'incline à comparer les beaux fruits de l'esprit humain avec l'émeraude, qui est une belle pierre mais dont on trouve rarement un échantillon qui n'ait une petite tache ou un petit défaut. Les grands auteurs ont leur tache ; ils ne cessent pas pour cela d'être des pierres précieuses.

Nana est peut-être l'œuvre à cause de laquelle on juge Zola le plus sévèrement. Cela est-il dû au sujet ? Je crois plutôt que c'est au défaut de prudence, au cynisme brutal avec lequel il est traité.

En fait, il y a dans la société des formes, et des bornes auxquelles une œuvre qui veut traverser victorieusement les siècles ne peut peut-être pas se dérober. Je dis peut-être, parce que si Rabelais et d'autres écrivains brisèrent ces digues et gagnèrent un nom impérissable, leur licence constitue cependant un élément d'infériorité, et comme une note vulgaire dans la symphonie de leur talent.

Ces vallées et ces limites, le génie les ébranle, mais d'elles-mêmes elles reprennent leur place. Sans doute elles changent : elles ne disparaissent jamais et s'imposent avec tant de force que je ne sache pas qu'aucun écrivain les ait jamais renversées.

Si audacieuse que soit une plume, pour tant qu'elle veuille copier la réalité nue, il y a toujours un point auquel elle s'arrête. Il y a des choses qu'elle n'écrit pas, des voiles qu'elle ne parvient pas à soulever. Tout consiste à savoir s'arrêter à temps, aux limites du terrain défendu par la morale de l'art.

Il faut ici remarquer que la majorité des critiques semble s'imaginer qu'il n'existe qu'un genre d'immoralité, l'immoralité érotique, comme si la loi divine se réduisait à un commandement. Que l'auteur s'abstienne de peindre la passion amoureuse et il a carte blanche pour portraicturer toutes les autres ! Et cependant, il y a des romans comme *le Juif-Errant* ou *les Mystères de Paris* qui, par leur caractère anti-social et anti-religieux, ne sont pas moins immoraux que *Nana*.

Dans les questions religieuses et sociales, les naturalistes agissent comme leurs frères les positivistes vis-à-vis des problèmes métaphysiques. Ils les laissent de côté, attendant que la science leur en fournisse la solution, s'il est possible. Cette abstention est mille fois moins dangereuse que la propagande socialiste et hérétique des romanciers qui les précédèrent.

Quant à la passion, surtout à l'amour en dehors des voies du devoir, loin de la glorifier, on dirait que les réalistes ont pris à cœur d'enlever à l'humanité toute illusion sur elle, d'en montrer les dangers et les laideurs, d'en diminuer les attirances.

De *Madame Bovary* à *Pot-Bouille*, l'école ne fait que répéter avec un accent fatidique que l'on trouve dans le devoir seul la tranquillité et le bonheur.

Le Portugais Eça de Queiroz dans son roman *O primo Bazilio* (le cousin Basile), où il imite Zola jusqu'à la copie, fait un tableau, horrible sous son apparence vulgaire, du supplice de la femme esclave de sa faute.

Il est clair que l'enseignement des réalistes n'est pas formulé en sermons et en axiomes. Il faut le lire dans les faits.

Il en arrive de même dans la vie où les

mauvaises actions sont punies par leurs propres conséquences.

En définitive, les naturalistes ne sont pas des révolutionnaires utopistes ni impies par système. Ils ne font pas l'apothéose du vice. Ils n'échauffent pas les têtes et ne corrompent pas les cœurs. Ils n'énervent pas les intelligences en peignant un monde imaginaire et en dégoûtant du réel.

Ce qu'il faut imputer, en particulier, au naturalisme, — je n'ai point de plaisir à le répéter, — ce sont les tendances déterministes, le défaut de goût et un certain manque de choix artistique.

De ces fautes la première est un délit grave, la seconde est de moindre importance, parce que les plus illustres de nos dramaturges et de nos romanciers l'ont commise. Ce qui importe, ce ne sont pas les verrues de la surface, c'est le fond.

XIV

SOMMAIRE

Le Réalisme anglais. — Son origine : Chaucer et Shakespeare. — Foé et Swift. — Walter Scott. — Les autoress. — Dickens, Thackeray et Bulwer. — Georges Eliot. — Le rôle du roman en Angleterre, son influence sociale. — L'esprit anglican dont il est imprégné.

XIV

Des gens, qui se piquent d'un goût délicat et répugnent à la crudité des romanciers français, vantent le roman anglais, et louent un certain genre de naturalisme mitigé qui lui est particulier. C'est maintenant une opinion aristocratique et élégante que d'admettre la suprématie du roman anglais sur le terrain moral et sur le terrain littéraire.

Le lecteur n'ignore pas combien les jugements généraux en matière de morale sont parfois sans fondement et erronés. Il pourra donc s'expliquer facilement comment est en odeur de sainteté sur notre terre catholique et latine une littérature, fille légitime du protestantisme, appropriée à ces mœurs méticuleuses, hypocrites, réservées et égoïstes que le puritanisme, mêlé à l'esprit mercantile de la race, acclimata dans l'ancienne île des Saints.

Et ce n'est point que l'Angleterre n'ait des saines traditions réalistes et un illustre ancêtre littéraire. Chaucer, père de sa poésie, était un réaliste, et ses *Contes de Cantorbéry* des tableaux d'après nature. Le plus grand astre du firmament britannique, l'illustre Shakespeare porta le Réalisme à un certain point où n'oserait peut-être pas le suivre Zola. Mais, si la poésie et le théâtre fleurissent, de bonne heure, dans la Grande-Bretagne, le roman y naquit tard, quand le pays appartenait déjà irrévocablement à la Réforme.

La Réforme! Partout où son esprit prévalut, il fut un élément d'infériorité littéraire, et ceci, Dieu le sait, je ne le dis pas pour louer le catholicisme dont l'excellence ne dépend pas de questions esthétiques, mais pour donner à entendre que le roman anglais se ressent de son origine. De tous les genres cultivés en Angleterre, depuis Henri VIII jusqu'à maintenant, le roman est celui que le protestantisme a pénétré davantage. Aussi les Anglais n'ont-ils pas produit un *Don Quichotte*, c'est-à-dire une épopée de la vie réelle, qui puisse être comprise par l'humanité entière.

Depuis son berceau même, le roman anglais est dominé par des tendances utilitaires, qui le lient au sol, pour ainsi dire, et l'empêchent de voler par les espaces sublimes que parcourt la libre fantaisie de Shakespeare et de Cervantès.

Pour tant que l'on loue Foë, en lui donnant le titre pompeux d'*Homère de l'individualisme*, *Robinson* n'est une œuvre incomparable que pour les enfants de dix à quinze ans.

Swift, le misanthrope contemporain de Robinson, est beaucoup plus profond, et pour les intentions doctrinales, nul ne l'égale, car, en fin de compte, la satire est une direction radicale de la littérature à thèse.

Le Vicaire de Wakefield, de Goldsmith, parfois douce idylle, agréable peinture domestique, contient un idéal purement anglais, patriarcal. Tandis que l'exemple des filles du Vicaire enseigne à fuir la vanité, *Clarisse* et *Paméla* condamnent irrévocablement la passion et ouvrent la série des romans austères, où le cœur rebelle est toujours vaincu. Quant à Walter Scott, il n'a pas eu de descendance légitime.

Walter Scott est un phénomène isolé dans la littérature anglaise, ou pour plus d'exactitude, l'enfant d'une autre nationalité toute différente, la nationalité écossaise qui est rêveuse, idéaliste et poétique autant que la nationalité anglaise est pratique et utilitaire. A coup sûr, Walter Scott ne procède pas de Shakespeare. Mais le sens pratique et prosaïque de Foë ne court pas davantage par ses veines. C'est le barde qui vit dans un passé coloré de lumière et de pourpre, comme un splendide coucher de soleil ; qui fait revivre l'histoire et la légende en ne demandant à la réalité que ce vernis brillant, nommé couleur locale par les romantiques. En somme, c'est le dernier chanteur des beaux âges chevaleresques, *le dernier ménestrel.*

Quand, de sa résidence seigneuriale de Abbots-ford, Walter Scott évoquait les traditions de sa romanesque patrie, la troupe de romancières qui ont tant influé et influent tant sur le caractère de ce genre littéraire, en lui donnant une saveur spéciale et éthique, entrait déjà en lice. Les femmes conquéraient le territoire dont elles sont maîtresses à cette heure. On lisait passionnément les *contes moraux* de Miss Edgeworth. Les noms de Miss Mary Russel Milford, Miss Austen, Mistress Opie, Lady Morgan, Mistress Shelley étaient célèbres. Une fois maître du roman, l'élément féminin se cramponna à son butin. Aujourd'hui, on compte par milliers les *autoress* qui font gémir tous les jours les presses de Londres sous les fruits de leur talent. Quand Dickens, Thackeray et Lytton Bulwer ne furent plus là, le premier romancier anglais fut une femme, Georges Eliot.

Par suite de cet empire des femmes, le roman anglais tend à enseigner et à prêcher beaucoup plus qu'à réaliser la beauté. A peine la fille de clergyman prend-elle la plume qu'elle se trouve à la hauteur de son père et peut alors, plaisir ineffable ! aller et enseigner les peuples. Non seulement elle possède une chaire et un pupitre, mais elle dispose de moyens matériels pour la propagation de la foi.

Charlotte Yonge écrit l'*Héritier de Redcliffe*. L'édition se vend bien. Avec le produit, l'auteur achète un navire et en fait présent à un évêque missionnaire.

Ainsi, chez les romancières modernes de l'Angleterre, s'est presque complètement éteint ce noble orgueil littéraire, qui aspire à la gloire conquise par la concentration du talent et par l'effort constant vers la perfection suprême, amour-propre d'artiste qu'exprima si virilement George Sand. Au lieu d'aspirer à produire de belles œuvres, des œuvres durables, elles se jettent dans le torrent écumeux de la production hâtive, luttant à qui fera le plus et non à qui fera le mieux. Le roman anglais a une extension obligatoire de trois gros volumes, et les romanciers à la mode comme Francis Trollope ne se satisfont pas à moins d'un roman par trimestre, c'est-à-dire de douze volumes par an. Quel style, quelle invention, quels caractères y aura-t-il que ce fleuve débordant d'encre n'inonde et ne ruine !

Pour la nation anglaise, le roman est devenu un article de première nécessité et de consommation quotidienne, comme le bifteck qui répare ses forces, comme le charbon dont la chaleur tempère ses journées glaciales et réjouit ses longues nuits. Il y a pour le roman un public quotidien et assuré, comme il y en a un ici pour les cafés. Le roman est l'écho des aspirations du lecteur et joue son rôle religieux, politique et moral. Il s'inspire des exigences du public. Il est philosophique avec Charles Reade ; républicain et socialiste avec Joshua Davidson ; théologique avec Charlotte Yonge ; politique avec Disraeli ; fantasmagorique dans le genre d'Anna Radcliffe qui amuse encore ; historique dans le goût de Walter Scott qui a toujours des disciples. Les géographes, les paysagistes et les auteurs de marines qui suivent les traces de Fenimore Cooper, le capitaine Mayne-Reyd, le capitaine Marryat, et d'autres capitaines, jouissent aussi de la faveur de ce peuple colonisateur et touriste.

Les écrivains américains Bret-Harte et Mark Twain fendent les brouillards de l'atmosphère anglaise avec des étincelles d'*humorisme*, cette gaieté difficile et douloureuse du Nord.

Ses inclinations ainsi flattées, satisfait dans ses goûts moins littéraires que poétiques, le peuple anglais accorde, à son tour, à ses romanciers une tendresse personnelle dont nous ne connaissons pas d'exemple chez nous. C'en est une preuve que les nombreux pèlerins qui se rendent tous les ans au presbytère de Haworth où naquit et où passa les premières années de sa vie la romancière qui illustra le pseudonyme de *Currer Bell*.

La gloire littéraire n'est pas assez : c'est

une affection plus intime, qui entoure d'une auréole le nom des romanciers favoris de la nation britannique. On ne considère pas le roman comme un simple passe-temps, comme un simple plaisir esthétique, c'est une institution, le cinquième pouvoir de l'Etat, et comme l'a dit en public le romancier Trollope, *les romans sont les sermons de l'époque actuelle.*

Leur influence s'étend non seulement aux mœurs mais aux lois. Ils influent sur les délibérations des chambres, sur les réformes continuelles que subit le code d'une nation si éminemment conservatrice.

Que les pays sont différents ! dirons-nous avec le héros de *Very well*. Allez un peu proposer à nos cortès espagnoles si tumultueuses et si déclamatrices une réforme légale, suggérée par exemple par la lecture de *la Déshéritée* ou de *Don Gonzalo Gonzalez de la Gonzalera*. L'on verra avec quels rires homériques nos graves sénateurs accueilleront cette proposition !

En Angleterre, la force sociale du roman est reconnue. Toutes les classes s'enorgueillissent de posséder des romanciers. Il en est qui sont ministres, marins, diplomates et magistrats. Magistrats, oui, et que dirait-on dans nos cours, Dieu d'Israël! si un président de chambre publiait un petit roman! Pour faire comprendre l'influence et l'action du roman dans la race saxonne, il suffit d'en citer un, *la Case de l'Oncle Tom*, dont personne n'ignore les résultats anti-esclavagistes.

Et le naturalisme anglais?

Je répète que les traditions de la littérature anglaise sont réalistes. J'ajoute que Dickens et Thackeray, — les noms peut-être les plus illustres qui honorent le roman britannique, — sont réalistes.

Charles Dickens ne craignit pas, chez ce peuple d'aristocrates, de s'abaisser à l'étude des dernières couches sociales, voleurs, assassins et mendiants.

Thackeray qui inclinait davantage à la satire, étudia aussi dans le monde qui l'entourait ses types caractéristiques au profil caricatural.

Pour Georges Eliot, dans les œuvres de qui résonne aujourd'hui la note la plus aiguë du naturalisme anglais, son programme est réaliste à la manière de Champfleury. Elle se donne pour objet de ses observations, non pas les brillantes créatures d'exception si chères aux romantiques, mais la généralité des individus, les personnages communs et vulgaires, la classe moyenne de l'humanité.

Malgré tout cela, il y a chez les romanciers anglais, pour si réalistes qu'ils soient, une intention morale, un désir de corriger et de convertir, et comme le dit spirituellement un récent historien de la littérature anglaise, une soif de sauver le lecteur de l'enfer et non de l'ennui. Cela apparaît nettement chez la piétiste Yonge, et chez l'auteur d'*Adam Bede*,

Eliot, qui est libre-penseur et philosophe. Cette tendance leur enlève cette objectivité sereine, nécessaire pour faire une œuvre maîtresse d'observation impersonnelle, d'après la méthode réaliste, et arrête leur scalpel avant qu'il n'en arrive aux tissus intimes et aux derniers replis de l'âme.

Partie de cette faute doit être imputée au public, facteur fort important de toute œuvre littéraire. Comme on l'a déjà dit, le public anglais demande toujours des romans, — pas de ceux que savoure seul, dans son cabinet de travail, le lecteur sybarite qui aime à admirer de belles pages et à pénétrer dans des abîmes psychologiques — ceux que l'on lit en famille et que peuvent écouter tous les membres, la blonde *Girl* et l'imberbe *Scholar*.

Les auteurs, qui satisfont ce besoin, le public anglais les paie splendidement. La première édition d'un roman se vend quinze francs le volume et l'édition s'épuise rapidement. Aussi une foule d'honorables Misses, filles de Clergymen, au lieu de se placer institutrices, se placent-elles comme romancières. De leur plume prolifique coulent des volumes d'un style incolore, aux incidents embrouillés comme les nœuds d'un écheveau.

De là, l'infériorité croissante, la décadence du genre.

Que l'innombrable famille des romanciers d'au-delà du détroit me pardonne si je suis injuste en parlant de leur décadence générale. Je pourrais me flatter de connaître quelques-unes de leurs œuvres, mais qui pourrait prétendre les avoir toutes lues? Mon jugement est celui qu'émettent les critiques qui considèrent surtout le côté littéraire, et en second lieu, comme il est juste, le côté moral, et qui voient que la fabrication précipitée et la sujétion au goût du public font tort à la fraîcheur, à l'inspiration et à l'énergie de la pensée. Si le noble front de Georges Eliot, si la gracieuse physionomie de Ouida se dressent au-dessus de cet océan de têtes vulgaires, il est incontestable que l'immense majorité des romanciers anglais s'est essayée à remplir trois bols avec une tasse de chocolat.

En outre, le roman anglais, même quand il est supérieur, porte imprimé si avant le sceau d'une autre religion, d'un autre climat, d'une autre société, qu'à nous autres Latins il nous paraît forcément exotique. Comment pourrait nous plaire, par exemple, la prédicante méthodiste qui est l'héroïne d'*Adam Bede* ? Je sais qu'il est à la mode d'être habillé par un tailleur anglais, mais la littérature, Dieu merci ! ne dépend pas entièrement des caprices de la mode.

Un dernier mot que la malice m'inspire sans doute : si le roman anglais a chez nous aujourd'hui tant d'admirateurs officiels, a-t-il autant de lecteurs ?

XV

SOMMAIRE

L'Espagne. — Le mouvement de 1808. — Les Walter-Scottiens. — La Avellaneda. — Fernan Caballero. — La transition : Alarcon. — Valera. — Comment on a jugé Valera en France.

XV

En Angleterre et en France, le roman a un *hier*. Ici, en Espagne, il n'a qu'un avant-hier s'il est permis de s'exprimer ainsi. Là, les romanciers actuels se nomment fils de Thackeray, de Walter Scott, de Dickens, de Sand, de Victor Hugo, de Balzac. Ici nous ne savons pas grand'chose de nos pères et nous nous rappelons seulement certains aïeux de sang très pur, du lignage des Cervantès, des Hurtado, des Espinel. Cela revient à dire qu'il n'y a pas eu en Espagne d'autre roman que celui du siècle d'or et celui qui fleurit aujourd'hui.

Cependant, la vie du roman contemporain en Espagne peut déjà se diviser en deux époques distinctes : celle du règne d'Isabelle, et celle qui commença avec la Révolution de Septembre 1868.

La guerre de l'Indépendance suscita de grands poëtes lyriques, mais jusqu'à ce que le torrent romantique passât les Pyrénées, nous n'eûmes pas de romanciers.

Walter Scott fit son entrée triomphale dans notre littérature, et le règne du roman historique commença. On pourrait consacrer un livre bien curieux au récit des pérégrinations de l'idée *walter-scottienne* au travers des cervelles espagnoles. L'esprit du barde écossais s'incarna dans des êtres aussi différents entre eux qu'Espronceda, Martinez de la Rosa, Gil, Escosura, Canovas del Castillo, Vicetto, Villoslada, Fernandez y Gonzalez, et d'autres, dont les noms ne me reviennent pas à l'esprit.

George Sand vint aussi chez nous amenée la main dans la main par son illustre rivale la Avellaneda. Eugène Suë, patronné par Perez Escrich et Ayguals de Izco, ne demeura pas en arrière.

Parmi les *walter-scottiens,* tous gens de valeur, il en était un qui, s'il n'eût pas gaspillé ses rares qualités, et mal employé ses précieux dons, eût pu s'appeler, plutôt que le séide, le rival de l'auteur d'*Ivanhoë*. Le talent de Fernandez y Gonzalez semblait un arbre touffu, dont le bois pouvait servir à des œuvres sculpturales. Par malheur, cet écrivain le gaspilla à faire des tables et des bancs vulgaires. Son imagination était riche, sa palette descriptive variée, son invention abondante. Il fut, d'abord, le poëte du passé, qui rajeunissait les livres de chevalerie et prêtait à la tradition héroïco-nationale cette vie nouvelle que lui donnent, de temps en temps, des génies privilégiés comme Zorrilla, Walter Scott et Tennyson. Comment il finit, nul ne l'ignore : par des livraisons interminables, par des volumes vendus à bas prix, par des œuvres de basse littérature, écrites pour le lucre. Deux ou trois romans d'entre ses premières œuvres sont les colonnes sur lesquelles son nom s'appuie pour ne pas tomber en oubli.

Peut-être, l'auteur tendre et sympathique de *la Gaviota* posséda-t-il le talent le plus original et le plus indépendant de tous ceux qui se signalèrent dans la renaissance de notre roman. Malgré ses digressions et ses réflexions, malgré son optimisme idyllique, Fernan Caballero est doué d'un charme spécial particulier, d'une grâce caractéristique. Il fait preuve d'une imagination, allemande par les rêves, et espagnole par la prestesse et la vivacité. Tandis que les romanciers de son époque peignaient des tableaux de sujets historiques à la Walter Scott, Fernan prenait note des mœurs des gens qui respiraient autour d'elle. Elle peignait des *asistentas*, des bandits, des *gaviotas*, des curés, des bergers, des paysans et des toreros (1). Parfois, dans ses bosquets andalous, brillent ces soleils du Midi, que Fortuny mit dans ses tableaux. Il est des *patios* de Fernan qu'il nous semble voir, qui nous réjouissent les yeux avec leurs fleurs, et les oreilles avec le bruit de l'eau, les pioussements des poules et l'innocent bavardage des enfants. L'inspiration de Fernan est plus réelle, plus sincère et plus naïve que celle de presque tous les romans de cape et d'épée que l'on écrivait alors.

Trueba n'atteint pas à la taille de Fernan

---

(1) *Gaviotas*, littéralement, mouettes. On nomme ainsi la femme écervelée, et c'est le titre d'un roman qui est l'œuvre capitale de Caballero. La *Gaviota* a été traduite ou adaptée (Blériot, éditeur). Les autres œuvres de Fernan Caballero ont également des versions françaises (Castermann, Douniol, Hachette, Plon, Maillet, éditeurs.)

Caballero. Un pays idolâtre de ses traditions et de ses propres souvenirs a bâti le piédestal sur lequel trône le peintre basque; mais sa palette n'est riche qu'en demi-teintes et en couleurs claires, gracieuses, sans vigueur ni intensité. Le vert, le rose et le bleu céleste dominent. Les noirs, les terres de Sienne, les bitumes dont Fernan ne fit, lui-même, usage qu'avec une extrême mesure, manquent complètement. Quelques scènes rurales de Trueba plaisent comme il plaît de contempler le cours d'un ruisseau peu profond et aux bords agréables (1).

Selgas ne décrit pas les campagnards et n'appartient pas à l'école des paysagistes. C'était un Alphonse Karr, un violoniste capricieux qui exécutait des variations sur un thème quelconque et le brodait d'arabesques délicates et d'un bel effet. Plutôt qu'un romancier, ce fut un humoriste caustique, spirituel et

(1) Trueba a été traduit et analysé dans nos revues.

riant comme le sont toujours les humoristes dans les pays chauffés par le soleil. Son style inégal ressemblait à ces visages aux traits irréguliers, qui compensent le défaut de correction par la lueur soudaine du sourire ou par le feu du regard. Selgas fait au lecteur bien des surprises agréables, quand il ne s'y attend pas. Il lui offre des traits d'observation, de paradoxales finesses, des mots heureux, des flamboiements d'idées originales, ou du moins présentées d'une manière piquante et nouvelle.

Une autre qualité de Selgas, c'est de s'être mis à étudier la vie moderne dans les grandes villes et d'avoir laissé de côté les Mores, les odalisques et les châtelaines.

Eh bien! si nous voulons chercher le chaînon, qui rattache à l'époque actuelle, cette époque antérieure du roman espagnol où figurent Fernan Caballero, la Avellaneda, la Coronado, Trueba, Selgas, Fernandez y Gonzalez et Miguel de los Santos Alvarez, — cette époque où le roman humanitaire d'Escrich vivait à côté du roman lyrique et werthérien de Pastor Diaz, et où la cotte de mailles de *Men Rodriguez* et la jupe de la *Sigea* frôlaient le froc du héros que ces mésaventures forcèrent à émigrer de *Villa-Hermosa en Chine;* — si nous voulons, je le répète, indiquer la soudure des deux périodes, il faut écrire le nom de Pedro Antonio de Alarcon.

Imprégné de romantisme jusqu'à la moelle des os, *le Final de la Norma* (1) ravit nos pères, comme un délicieux caprice de Goya, intitulé *Le Tricorne* (2), nous ravit nous-mêmes. Voilà comment mon illustre ami Alarcon, sans être encore un vieillard, peut se vanter d'avoir captivé deux générations de goûts bien différents.

Les autres romanciers, ceux qui furent hier

---

(1) Traduit par Charles Yriarte (Lacroix, éditeur).
(2) Traduit par Mme Bentzon, *Récits de tous pays*, chez Calmann-Lévy.

la coqueluche de leur temps, ont disparu de nos horizons littéraires actuels, entraînés par l'irrésistible courant du temps, et ceux qui ne sont pas descendus dans la tombe meurent vivants de l'indifférence du public intelligent, du silence dédaigneux de la critique, et en somme de l'oubli qui est la pire des morts pour un écrivain. Alarcon, tout en refusant avec acharnement toute concession aux nouvelles tendances, règne encore, en maître des cœurs et des imaginations, et soutient l'édifice ruiné de ses mains habiles.

Je ne sais si aucun romancier contemporain ensorcellera le public comme l'auteur du *Scandale*. Je ne sais si aucun sera, comme lui, lu et aimé de tous sans distinction de sexe ni d'âge. Je sais que beaucoup de gens demandent de leur prêter un roman d'Alarcon de préférence à ceux des autres auteurs.

Le public d'Alarcon n'est pas celui qui dévore avec un appétit bestial les romans de

Manini (1), c'est celui que Spencer appellerait *la moyenne intelligente*. Il se compose de gens qui demandent au roman un honnête délassement et les dames en forment la majeure partie.

Alarcon plaît-il parce qu'il a conservé un certain parfum romantique ? je pense que non ; les partis politiques donnent trop à faire aux Espagnols et les partis littéraires ne les font pas beaucoup réfléchir.

Ce qui plaît chez Alarcon, c'est l'esprit aimable, la *belle ombre*, la galanterie moresque que respirent ses portraits de femme touchés avec un pinceau voluptueux et brillant, le style dégagé, facile et animé, l'intérêt des récits, et ensuite, une foule de qualités étrangères au romantisme, qu'il ne doit à personne qu'à Dieu qui les lui accorda d'une main prodigue.

Si dans les types de *La Prodigue*, de *El Niño*

---

(1) Éditeur de publications illustrées par livraisons. En France on dirait les romans de la rue du Croissant.

de la Bola (1), dans Fabian Conde, dans d'autres héros et héroïnes d'Alarcon on découvre la filiation romantique ; en revanche, *Le Tricorne* est plein d'un coloris franchement espagnol, d'une telle fraîcheur qu'il en fait dans son genre un modèle achevé. Le talent d'Alarcon gagne à se limiter à de petits tableaux ; son ciseau travaille mieux des camées exquis, des agates précieuses que des marbres de grandes dimensions. Il réussit dans le conte et la nouvelle courte, genre peu cultivé chez nous et qu'Alarcon manie avec une singulière maîtrise.

Par toutes ses qualités rares, Alarcon est un puissant mainteneur de l'antique bannière romanesque et un redoutable adversaire de la nouvelle. Mais nous, les écrivains du camp ennemi, nous demandons à Dieu qu'il ne renonce pas à écrire comme il en a annoncé

---
(1) *La Prodigue* a été traduite sous le titre de *la Gaspilleuse* par Mⁱˡᵉ Sara Oquendo dans la *Revue Britannique*. Je traduis *El Niño de la Bola* sous le titre de *Manuel Venegas* dans la *Revue Moderne*.

l'intention. Sa résolution est-elle dictée par la coquetterie de se retirer, quand le public l'aime le plus, en laissant derrière lui une mémoire radieuse? Est-ce fatigue? Ce qui est certain, c'est qu'il est dans la plénitude de ses facultés, et que jamais son imagination ne parut aussi fraîche que durant ces dernières années.

Par la retraite d'Alarcon, l'idéalisme perd son champion le plus terrible. Valera, quoique idéaliste, est un romancier à part, qui ne formera pas d'école, parce qu'il est difficile à imiter, comme on le comprend facilement, si l'on songe aux qualités qu'il réunit. La plus profonde vallée qui sépare de Valera la troupe profane des imitateurs, c'est sa diction élégante et pure, empruntée plutôt aux mystiques, écrivains châtiés par excellence, qu'à Cervantès, qui est un écrivain spontané. Valera n'a pas seulement pris, chez eux, la pureté un peu archaïque de son style, mais le soin et la perspicacité avec lesquels ils scrutent et sondent les arcanes mystérieux de l'âme pour les expliquer en phrases d'or et en paragraphes de marbre sculpté.

Aussi, quand on traduisit en français les romans de Valera, sous le titre de *Récits andalous*, il fut nécessaire d'en supprimer beaucoup parce que, d'après la *Revue littéraire*, ils contenaient *trop de théologie* (1). Nos voisins pensaient que les filles de *Don Valera* étaient de gentilles gitanes, armées de castagnettes, prêtes à danser des séguédillas, et jolies : ils trouvaient des nonnes contemporaines de sainte Thérèse et de Louis de Grenade, qui montraient à peine, entre les plis de leur voile, leur beau visage grec où brillait un sourire voltairien.

Valera charme, en effet, les sybarites des lettres en réunissant en lui la fleur des trois

---

(1) Cette traduction est de Mme Bentzon. Un anonyme a traduit en français *Doña Luz* (Lalouette, édit.) et moi-même *Le Commandeur Mendoza* (Giraud).

idéaux de beauté littéraire : l'idéal païen, l'idéal du siècle d'or et celui de la culture moderne la plus raffinée.

A tout cela il faut ajouter une verve andalouse piquante et badine. Comme Valera est, d'ailleurs, très-sagace, très-psychologue, très-maître de lui, il semble que les destins lui ont réservé dans le roman espagnol le rôle de Stendhal dans le roman français, — un Stendhal parfait dans la forme autant que le vrai Stendhal fut pécheur ; bien des choses éloignent, cependant, Valera du réalisme, surtout son caractère aristocratique qui le pousse peut-être à considérer le réalisme comme quelque chose de grossier, et l'observation de la réalité comme un travail indigne d'un esprit épris de la beauté classique et suprême. Ainsi le meilleur titre de gloire de Valera sera la forme, cette forme plus admirable isolée, que rattachée aux sujets de quelques-uns de ses romans.

Il n'y a pas de doute que *Pepita Jimenez*, *Doña*

Luz, et d'autres héroïnes de Valera parlent fort bien et en termes fort convenables et fort spirituels. Par malheur, on ne peut nier non plus que personne ne parle plus ainsi, comme un personnage de Cervantès. Et notez que, si je nomme Cervantès, pour louer la perfection des discours des héros de Valera, je n'oublierai pas d'ajouter que le génie réaliste de Cervantès le poussa à faire que Sancho, par exemple, parla fort mal et commit des fautes, et que Don Quichotte corrigea ses dires. Chez Valera, il n'y a pas de Sancho. Tout le monde est Valera, et cela fait qu'on l'étudiera bientôt plus comme un classique que comme un romancier moderne.

Pour les uns ceci sera un éloge, et pour les autres, un blâme. Pour moi, on me reproche de lire Valera avec trop de plaisir.

Si certaine théorie littéraire est vraie, que j'ai trouvée dans je ne sais quel fameux critique français et qui établit que les romanciers copient la société et qu'à son tour la société imite et reflète les romanciers, il pourrait advenir que nous eussions tous la tentation de parler comme les héros de Valera, ce qui serait excellent pour la langue. Mais laissons-là les hypothèses et venons-en aux romanciers qui représentent en Espagne le réalisme.

XVI

SOMMAIRE

Les réalistes. — Mesonero Romanos et Florez. — Larra. — Pereda. Son localisme, son catholicisme intransigeant. — Perez Galdos. — Son œuvre idéaliste. — Son évolution. — La situation du roman et des romanciers en Espagne. — Les jeunes : idéalistes et naturalistes.

XVI

Pour indiquer où commence le réalisme contemporain, il faut remonter à quelques passages de Fernan Caballero, et surtout aux auteurs des *Scènes Madrilènes* et de *Hier, Aujourd'hui et Demain*, sans oublier *Figaro* dans ses articles de mœurs. Malgré toutes les différences qui existent entre le raisonnable et spirituel Mesonero Romanos, le bienveillant Florez et le nerveux et caustique Larra, leurs études sociales ont leur point commun dans un certain réalisme tempéré, assaisonné de satire.

Quand tant de romans de cette époque sont passés à jamais, les écrits légers de *Figaro* et du *Curieux parlant* (1) se conservent dans toute leur fraîcheur, parce que la myrrhe précieuse de la vérité les embaume. Ce qui augmente leur intérêt c'est qu'ils nous transmettent le souvenir des mœurs originales qui disparaissaient et des nouvelles mœurs ; en somme, ils sont le reflet d'une complète transformation sociale.

Pereda est, en ligne directe, le descendant de ces aimables et perspicaces peintres de mœurs. Il fit franchement adhésion à leur école, mais il la transporta des villes à la campagne, au cœur des montagnes de Santander.

Le Réalisme espagnol a un vaillant champion

(1) Mesonero Romanos.

dans Pereda; quand on lit quelques pages de l'auteur des *Scènes Montagnardes,* il semble que nous voyions ressusciter Téniers ou Tirso de Molina. On peut comparer le talent de Pereda à un beau jardin, bien arrosé, bien cultivé, rafraîchi par des brises aromatiques et salubres, mais aux horizons limités.

Je me hâte d'expliquer ce que j'entends par *horizons limités* pour que personne n'entende cette phrase d'une manière offensante pour le sympathique écrivain.

Je ne sais si cela provient d'un dessein délibéré, ou de ce qu'il y est obligé par le pays qu'il habite : Pereda se borne à décrire les types et à raconter les mœurs de Santander, en s'enfermant ainsi dans un cercle restreint de sujets et de personnages. Il excelle comme peintre d'un pays déterminé, comme poëte bucolique d'une campagne toujours égale, et n'essaya jamais d'étudier à fond les milieux civilisés, la vie moderne dans les grandes capitales, vie qui lui est antipathique. et dont il a horreur, c'est pour cela que j'ai qualifié de *limité* l'horizon de Pereda. C'est pour cela qu'il convient de déclarer que si, du jardin de Pereda, l'on ne découvre point un vaste panorama, en échange le paysage est des plus agréables, des plus délicieux et des plus fertiles que l'on connaisse.

Pereda, grâce à Dieu, ne tombe pas dans l'optimisme parfois agaçant de Trueba et de Fernan. Ses rustres, d'ailleurs très-amusants, sont ignorants, malicieux et grossiers comme de vrais rustres. Ce sont là cependant les fils préférés de l'auteur, visiblement séduit par la vie rurale, si saine, si paisible et si régénératrice, autant que lui répugnent les centres ouvriers industriels avec leurs misères irrémédiables. Pereda trace avec amour les silhouettes des paysans, des laboureurs et des hobereaux des villages, gens simples, aimant ce qu'ils connaissent depuis longtemps, routiniers et ayant peu de replis psychiques.

Si quelque jour les thèmes de la *Tierruca* s'épuisent pour lui, danger qui n'est point imminent pour un esprit de la trempe de Pereda, il sera forcé de renoncer à ses tableaux locaux favoris, de chercher de nouvelles voies. Parmi les admirateurs de Pereda, il en est qui désirent ardemment qu'il change de touche : j'ignore s'il serait avantageux de le faire pour le grand écrivain. Il règne toujours une certaine harmonie mystérieuse entre le style, le talent d'un auteur, et les sujets dont il fait choix ; cette harmonie procède de causes intimes.

En outre, le Réalisme perdrait beaucoup si Pereda sortait de la Montagne. Pereda observe avec une grande lucidité, quand la réalité qu'il a devant les yeux ne lui soulève pas le cœur, qu'elle le divertit par le spectacle de ridicules et de manies profondément comiques. Peut-être briserait-il son pinceau pour ne point copier les plaies plus profondes et la corruption plus raffinée d'autres lieux et d'autres héros (1).

Pour le Réalisme, posséder Pereda, c'est posséder un trésor, et pour ce qu'il vaut et pour les idées religieuses et politiques qu'il professe. Pereda est un argument vivant, une démonstration palpable que le Réalisme ne fut pas introduit en Espagne comme une marchandise française de contrebande, mais que ceux qui aiment, à la fois, la tradition littéraire et les autres traditions, le ressuscitent. Cela ne surprendra pas les gens intelligents, mais cela pourra bien stupéfier la tourbe innombrable qui date l'ère réaliste de l'avènement de Zola.

Si le Réalisme chez Pereda est dans le sang, il n'en est pas ainsi de Galdos. Par un certain fonds humain, par une certaine simplicité ma-

---

(1) On traduit en ce moment de Pereda *Don Gonsalo*, *Pedro Sanchez* et *Les hombres de pro*. J'ai donné une analyse de *Pedro Sanchez* dans mes *Étapes d'un Naturaliste* (Giraud, éditeur).

gistrale de ses créations, par sa tendance naturelle à la claire intelligence de la vérité, par la franchise de son observation, le maître romancier se trouva toujours prêt à passer au Naturalisme avec armes et bagages. Néanmoins, ses inclinations esthétiques étaient idéalistes, et ce n'est que dans ses dernières œuvres qu'il a adopté la méthode du roman moderne et creusé davantage dans le cœur humain. Il a rompu à la fois avec le pittoresque et avec les héros-symboles, pour s'attacher à la terre sur laquelle nous sommes.

Quoique je n'aime pas à me citer moi-même, je dois rappeler ici ce que j'ai dit de Galdos, il y a trois ans, dans une étude assez longue que je consacrais à ses œuvres dans la *Revue Européenne*.

Depuis cette date, mes opinions littéraires se sont assez modifiées, et mon critérium esthétique s'est formé, comme se forme celui de tout le monde, au moyen de la lecture et de la réflexion. Je me suis proposé de connaître le roman moderne. Non seulement il m'a paru le genre le plus compréhensif, le plus important actuellement, le plus approprié à notre siècle, celui qui remplace et remplit le vide produit par la disparition de l'épopée ; il m'a semblé aussi le genre dans lequel, par une très *haute prérogative*, les droits de la vérité s'imposent, dans lequel l'observation désintéressée règne, dans lequel l'histoire positive de notre époque doit être écrite en caractères d'or.

Cependant, alors comme aujourd'hui, Galdos était pour moi un romancier de premier ordre, le soleil du firmament littéraire, parce qu'il a en même temps l'équilibre et l'harmonie, l'abondance et la vigueur ; parce que son style, s'il ne se renferme pas dans l'amphore étroite et ciselée de Valera, coule à flots d'une urne précieuse ; parce qu'il possède une invention heureuse et ce don de la fécondité, don funeste pour les mauvais écrivains et même pour les écrivains médiocres qui ont une tendance à sommeiller, qualité d'une valeur extraordinaire pour les grands artistes.

Il est certain qu'on peut conquérir l'immortalité avec un seul roman ou avec un seul fragment d'ode ; mais il y a quelque chose de captivant et d'étonnant dans la manifestation de la puissance créatrice de ces écrivains et de ces poètes, qui sont à eux seuls un monde, et qui laissent derrière eux une longue postérité de héros et de héroïnes, les Shakespeare, les Balzac, les Walter Scott, les Galdos.

Mais, ce que je désapprouvais alors dans le Galdos des *Episodes*, ce qui me paraissait le côté faible de son talent extraordinaire, c'était la tendance à la thèse, — dans un sens large et historique, c'est certain, mais à la thèse, — les accusations systématiques contre l'Espagne d'antan, les pelletées de terre jetées sur ce qu'elle fut ; et cette tendance, qui s'accentuait chaque fois davantage, dans la magnifique épopée des *Episodes* au point de se déclarer explicitement dans la seconde série, fit explosion, disons-le ainsi, dans *Doña Perfecta*, dans *Gloria*, dans la *Famille de Léon Roch* (1).

Par bonheur, ou plutôt grâce à l'instinct qui guide le génie, Galdos fit un pas en arrière pour fuir cette impasse sans issue possible. Dans l'*Ami Manso*, et dans la *Déshéritée*, il comprit que le roman, plutôt que d'enseigner ou condamner tel ou tel système politique, doit prendre note de la vérité ambiante et réaliser librement la beauté. Bravo à l'illustre écrivain qui a su secouer le joug des idées préconçues ! Ses épousailles avec le réalisme le préserveront de la tentation de se faire dans ses romans le champion de la libre pensée, du système constitutionnel, choses que je ne prétends pas juger ici, mais qui, dans les

---

(1) Il a paru chez Hachette une adaptation de *Marianela*; chez Giraud une traduction de *Doña Perfecta* due à notre confrère M. Julien Lugol.

admirables livres de Galdos, sont trop la raison d'être de ses livres.

En comptant donc dans la phalange réaliste Galdos et Pereda, comme dans la phalange idéaliste nous avons vu briller les noms de Valera et d'Alarcon, nous pouvons dire qu'en Espagne la lutte est engagée, comme en France, entre les deux écoles.

Il est vrai qu'ici la bataille ne fait pas grand bruit et ne suscite pas de grandes ardeurs belliqueuses. Il est vrai qu'ici on ne prend pas la question avec la même chaleur qu'en France : cela peut venir de plusieurs causes. D'abord, les idéalistes, ici, ne se promènent pas autant dans les nuages qu'en France, ni les réalistes ne chargent autant le tableau. Aucune des deux écoles n'exagère pour se différencier de l'autre. Peut-être le public est-il indifférent à la littérature ; surtout à la littérature imprimée ; celle qui se représente lui produit plus d'effet.

L'écrivain est un facteur de la production littéraire. N'oublions pas que l'autre, c'est le public. A l'écrivain d'écrire, au public de l'encourager et d'acheter ce qu'il écrit, et de l'élever aux nues s'il le mérite. Or, en Espagne, on ne peut presque pas compter sur le public. Ce que le public espagnol aime, ce n'est pas la littérature, c'est la politique. Quand cette maîtresse impérieuse lui laisse quelques minutes de liberté, alors seulement il fait un brin de cour aux lettres et va les chercher dans le coin où elles s'entêtent à ne pas mourir d'ennui.

Certes, je n'affirme pas que les romans manquent absolument de lecteurs, quoique chez nous le roman soit très loin d'être comme en Angleterre, une nécessité sociale. Ici, où nous ne sommes ni communistes ni avares, nous gardons le communisme et l'avarice pour les romans. Tout le monde s'effraie de ce qu'un roman coûte trois francs ou même deux, comme la première édition des *Episodes*. On dépense bien vite deux francs au café, pour une loge au théâtre, en pétards, en oranges. Pour un roman, tout Espagnol serre les cordons de sa bourse.

J'ai des romans d'Alarcon, de Valera ou de Galdos que j'ai prêtés à une douzaine de gens riches. A chaque fois qu'on m'en demandait un, je leur eusse conseillé pour leur bien de l'acheter, si je n'eusse craint qu'on n'attribuât le conseil au désir de ne pas prêter. Enfin, n'y a-t-il pas eu des gens qui m'ont demandé de leur prêter mes romans!

Je ne crois pas, pourtant, qu'il faille plus de deux cent cinquante francs pour former une bibliothèque complète des romanciers espagnols contemporains.

Que peut espérer ici le romancier? Fixons un délai de six mois pour tracer le plan, mûrir, écrire et limer un roman, soigné dans la forme et médité dans le fond. Quel en sera le produit ! Valera déclare que sa *Pepita Jimenez* — son chef-d'œuvre — lui a rapporté environ deux mille francs. Si bien que le talent de romancier de Valera ne peut pas lui faire gagner cinq mille francs par an : je comprends presque qu'il préfère une ambassade.

Il faut remarquer que si le romancier espagnol ne retire pas de ses œuvres un profit matériel, il n'y gagne pas non plus beaucoup d'honneur, ni ces ovations enivrantes qui élèvent à vingt mètres du sol les auteurs dramatiques. Pour eux sont tous les avantages, pécuniaires et littéraires, outre qu'ils sont affranchis de l'ignoble concurrence que le roman par livraisons et les mauvaises traductions du français font aux romanciers qui se flattent de respecter la langue et le sens commun.

Qu'on ne vienne pas me dire que la question de l'argent n'est rien, mais qu'il suffit de savoir qu'on a écrit quelque chose de bien, quoique personne ne témoigne d'estime pour l'œuvre. Si le prêtre vit de l'autel, pourquoi le romancier ne vivrait-il pas du roman ? Supposons qu'il n'ait pas besoin pour vivre du produit du roman; l'argent n'est-il pas à apprécier, puisqu'il est la marque évidente qu'il a un public? Avec le système de prêts qui règne en Espagne, un roman peut avoir trente mille lecteurs et seulement une édition de mille exemplaires.

Parmi les causes qui rendent improductif le roman en Espagne, on ne devrait pas compter la rareté des lecteurs, puisque nous avons un public immense, si nous songeons aux républiques sud-américaines qui parlent notre langue. Grâce à l'indifférence avec laquelle on regarde tout ce qui touche à la littérature, les libraires et les imprimeurs de là-bas peuvent piller les écrivains d'Espagne tout à leur aise, et ce public d'au delà de l'Océan demeure stérile pour la prospérité de la littérature ibérique.

Aussi, tout bien considéré, il est étonnant que nous ayons d'aussi bons romanciers en Espagne et un aussi bon roman ; étonnant encore que dans ce genre que Gil y Zarate et Cohl y Vehi rangent le dernier et qui, aujourd'hui, marche à la tête des autres, nous nous trouvions à la hauteur des premières nations de l'Europe. Nous ne comptons pas par douzaines les grands romanciers vivants, mais la France ne les compte pas non plus, et encore moins, que je sache, l'Angleterre, l'Allemagne et l'Italie. En comparant les œuvres aux œuvres, notre patrie ne cède point le pas. Outre Pereda, Galdos, Alarcon et Valera dont j'ai parlé plus spécialement, il y a la cohorte dans laquelle figurent Navarrete, Ortega Munilla, Castro y Serrano, Coello, Teresa Araoniz, Villoslada, Palacio Valdes, Amos Escalante, Oller (1),

---

(1) On trouvera dans mon étude, *Le Naturalisme en Espagne*, (Giraud, édit.) des renseignements sur les réalistes Palacio Valdes, Oller, Picon, Alas, Ortega Munilla.

qui les uns, représentent les anciennes méthodes, et les autres, les nouvelles. Tous contribuent à enrichir le roman national.

Dieu veuille que les hommages publics qu'on a rendus à Perez Galdos, il n'y a pas encore longtemps, dans un banquet, soient un signe certain des intentions du public de commencer à récompenser les efforts de la phalange sacrée ! Dieu veuille que l'enthousiasme ne soit pas dissipé aussi vite que l'écume du champagne des toasts !

XVII

SOMMAIRE

Conclusions : pourquoi l'auteur ne parle pas du roman italien, russe et allemand. — Pourquoi il se tait sur le naturalisme au théâtre. — La question des écoles. — Réponse aux réclamations chauvinistes que l'affiliation française soulève en Espagne. — La méthode réaliste et sa valeur à toutes les époques.

XVII

« Nous voici au terme du voyage, non pas que la matière soit épuisée, mais n'avons-nous pas rempli notre but de résumer l'histoire du Naturalisme surtout dans le roman, champ où cette plante qu'on tient pour vénéneuse croît avec le plus d'abondance ? »

Qui viendra après nous trouvera cependant sa toile toute prête. Outre l'intéressante étude que l'on pourra faire sur le roman italien, le roman allemand, le roman portugais et le roman russe — l'esprit du réalisme, avec plus ou moins d'éclat, a pénétré dans tous — je lui abandonne, intact et vierge, le problème presque effrayant de la rénovation de l'art dramatique et de la poésie lyrique par la méthode naturaliste.

Je pourrais bien donner mon avis sur tout ce dont je ne parle pas : seulement je ne connais du roman italien, russe et allemand que les œuvres les plus culminantes : Farina, Tourgueneff, Ebers, Freytag, Sacher-Masoch. Je me forme à peine une idée nette de l'ensemble et je regretterais d'en agir avec ces littératures comme les critiques français en agissent avec la nôtre en en parlant à tort et à travers et sans connaissance de cause.

Le Naturalisme au théâtre m'inspire au contraire tant d'idées, et des idées si étranges et si inusitées chez nous, qu'il me serait nécessaire d'écrire un autre livre, si je devais les exposer en bonne forme.

Que le soin en reste donc à une autre plume plus experte ès défauts de la littérature dramatique.

Au Naturalisme en général, cela est établi à part la pernicieuse hérésie de nier la liberté humaine, on ne peut imputer aucun autre genre de délit. Il est vrai que celui-là est grave, puisque c'est détruire toute responsabilité, et par suite, toute morale ; mais une semblable erreur ne sera pas inhérente au Réalisme, tant que la science positive n'aura pas établi que nous, qui nous tenons pour raisonnables, nous sommes des bêtes horribles et immondes, comme les Yahous de Swift, et que nous vivons esclaves d'un aveugle instinct, et gouvernés par les suggestions de la matière. Tout au contraire, de tous les terrains que le romancier réaliste puisse explorer, le plus riche, le plus varié et le plus intéressant est sans aucun doute le domaine de la psychologie. L'influence indéniable du corps sur l'âme et *vice versâ*, lui offre un superbe trésor d'observations et d'expériences.

Sans m'arrêter à la question du déterminisme, déjà suffisamment élucidée, je ne veux pas négliger de dire que si les accusateurs routiniers du Naturalisme abondent, il ne manque pas non plus de gens pour nier son existence et affirmer que, tout bien considéré, c'est la même chose que l'Idéalisme. C'est ce que diront certains historiens de la philosophie qui copient, au fond, Platon et Aristote.

Il y a des auteurs, réalistes qui plus est jusqu'à la moelle des os, qui répugnent à être classés comme tels et protestent qu'en écrivant ils n'obéissent qu'à leur complexion littéraire, sans s'astreindre à obéir aux préceptes d'aucune école. Telle est la protestation de l'illustre Pereda dans le prologue de *De tal palo tal astilla* (de tel bois tel copeau). Et qui donc n'aime à se vanter de son indépendance ? Qui ne se croit affranchi de l'influence, non seulement des autres écrivains, mais même de l'atmosphère intellectuelle que l'on respire ? Cependant, il n'est pas même permis au plus grand génie de se flatter de cet affranchissement.

Tout le monde, qu'il le sache ou ne le sache pas, qu'il le veuille ou ne le veuille pas, appartient à une école, à laquelle la postérité l'affiliera, sans tenir compte de ses protestations et en ne s'occupant que de ses actes. La postérité, c'est-à-dire les savants, les érudits et les critiques de l'avenir, procédant avec ordre et avec logique, mettront chaque écrivain où il doit se trouver, diviseront, classeront et considéreront les plus indiscutables génies, comme les représentants d'une époque littéraire. Il en sera ainsi demain parce qu'il en a toujours été de même.

Malheur à l'écrivain qu'aucune école ne réclame comme lui appartenant ! Les plus illustres artistes sont classés. Nous savons ce que furent — dans les grandes lignes et en maîtres — Homère, Eschyle, Dante et Shakespeare. Fray Luis de Léon perd-il quelque chose à être appelé poète *néo-classique* et *horacien*. Espronceda vaut-il moins parce qu'il est *byronien* et *romantique* ? Est-ce une tare pour Velazquez que d'avoir été peintre *réaliste* ?

Nous avons aujourd'hui un avantage. C'est que la poétique et l'esthétique ne se fabriquent point *a priori*. Les classifications ne sont plus artificielles et régies par des règles : on ne les juge plus immuables et on n'y assujettit point les génies à venir. Ce sont elles plutôt qui se modifient quand il est nécessaire.

On a interverti le rôle de la critique, ou pour mieux dire, on lui a marqué son vrai poste de science d'observation, en en supprimant l'ennuyeux dogmatisme et les détestables formules. Aujourd'hui la critique se règle sur les grands écrivains passés et présents. Elle les définit non tels qu'ils eussent dû être de l'avis du préceptiste, mais tels qu'ils se montrent. Elle fait connaître l'arbre par ses fruits. Ainsi l'artiste indépendant, qui répugne aux classifications arbitraires, n'a aucune raison de s'élever contre la critique nouvelle, dont la tâche n'est pas de corriger et de donner la finale, mais d'étudier, d'essayer de comprendre et d'expliquer ce qui est.

Aujourd'hui plus que jamais, on proclame que, dans tout courant littéraire, l'individu doit conserver comme de l'or en barre son caractère propre, l'affirmer et le développer le plus exactement et le plus énergiquement qu'il le pourra ; que de cette affirmation, de cette conservation, de ce développement dépendent, en dernier ressort, la saveur et la couleur de ses œuvres. C'est presque une vérité à la La Palisse de dire que chacun doit abonder dans son propre sens, et en fait, si nous inventorions un auteur, d'après ses traits généraux, nous le distinguons ensuite par ses traits particuliers, comme l'on divise les beautés en types bruns, blonds et châtains, or, chacun d'eux possède ses grâces et sa physionomie particulière.

Zola juge fort bien que le Naturalisme est plus une méthode qu'une école : méthode d'observation et d'expérimentation que chacun emploie comme il peut, instrument que tous manient différemment. Pour ma part, je tiens qu'en ceci nous sommes en progrès. Deux lyriques, deux dramaturges anciens se ressemblaient davantage entre eux que ne se ressemblent aujourd'hui deux romanciers, par exemple. Je pense qu'avant, les écoles étaient plus tyranniques et le jeu des registres que l'auteur pouvait toucher moins riche. Je me figure même que les anciens auteurs avaient beaucoup moins de scrupule à se copier les uns les autres.

Il ne m'appartient pas de dire si les études que je publie aideront à connaître les tendances des nouvelles formules, à démontrer qu'elles ont le dessus dans la lutte et qu'elles règnent sur ce dernier tiers de siècle. Je ne méconnais point la beauté, la splendeur et la fécondité d'autres formules aujourd'hui expirantes. Je n'essaie pas de prouver que celles qui s'imposent à nous sont le terme fatal de l'intelligence humaine. Avide de beauté, celle-ci la cherchera toujours en consultant d'un regard anxieux les points les plus éloignés de l'horizon.

La beauté littéraire, qui est, en un certain sens, éternelle, est, dans un autre, éminemment muable. Elle se renouvelle comme se renouvelle l'air que nous respirons, comme la vie se renouvelle. Je ne pronostique donc pas le règne éternel du réalisme : j'en pronostique seulement l'avènement. J'ajoute que les éléments fondamentaux en sont impérissables et que la méthode en sera aussi fertile en résultats dans des siècles qu'aujourd'hui.

TABLE DES MATIÈRES

Préface v

I. — L'Emeute romantique. — L'*Othello* de de Vigny. — Le scandale du mouchoir. — La noblesse du style. — Réalisme et Romantisme. — Classiques et Romantiques. — La crise romantique en Europe. — La phalange romantique en France et en Espagne. — Les mœurs romantiques. — Le costume. — Le Réalisme naît du Romantisme..................................... 3

II. — Intensité et brièveté de l'existence du Romantisme. — La littérature nouvelle. — Le calme dans les esprits. — Vie bourgeoise des écrivains nouveaux. — La tendance réaliste. — La génération romantique : Victor Hugo. — Réalisme anglais et espagnol. — La tendance des nationalités. — Le roman est par excellence la forme littéraire nouvelle.................. 21

III. — L'histoire du roman. Son âge héroïque : le conte et la fable. — Le roman antique. Le Poème, la Chanson de geste. — Le roman de chevalerie. — Le *Don Quichotte*.— Le roman picaresque. — *Daphnis et Chloé*. — *Amadis*. — *Le grand Tacaño*.. 37

IV. — Rabelais. — Les conteurs gaulois. — La crise de préciosité. — Mlle de Scudéry. — Scarron. — Le *Gil Blas*. — *Manon Lescaut*. — Rousseau et Bernardin de Saint-Pierre. — Les romanciers de l'Encyclopédie. — Voltaire et Diderot.................. 57

V. — Le roman-Empire : Pigault-Lebrun. — Mme de Staël. — Châteaubriand. — Lamartine et Victor Hugo. — Dumas père. — Eugène Sue. — George Sand.... 77

VI. — Les réalistes : Diderot. — Stendhal. — Sa langue. — Son insuccès de son vivant. Ses deux romans. — Les inexactitudes de la critique. — Défauts et qualités de Stendhal. — Son élève Mérimée. — Balzac et Dumas. — La *Comédie humaine* et la société sous Louis-Philippe. — Comment composait Balzac. — Balzac et Flaubert. — Balzac est un voyant. — Le style de Balzac 97

VII. — Flaubert. — La Genèse de *Madame Bovary*. — Le roman. — Le style de Flaubert. — L'amour de la phrase bien faite. — *Salammbô*. — *La Tentation*. — *L'Education sentimentale*. — *Bouvard et Pécuchet*. — Pessimisme et impassibilité 117

VIII. — Les de Goncourt. — L'auteur est une dévote de leur autel byzantin. — Les deux frères. — Leur ascendance littéraire. — Leurs tendances esthétiques. — Le rococo et la modernité. — Gautier à propos de Baudelaire. — L'expressivité. — La couleur. — L'œuvre : l'œuvre commune. — L'œuvre d'Edmond de Goncourt. — Préférences de l'auteur. — *Les frères Zemganno*. — *Manette Salomon* 137

IX. — Alphonse Daudet : il débute par la poésie. — La parenté avec Dickens. — *Le Petit Chose*. — La caractéristique de Daudet romancier et écrivain. — *Le Nabab*. — *Les Rois en exil*. — *Numa Roumestan*. — Daudet et Zola 159

X. — Emile Zola. — Sa position de chef d'école. — Sa *vie* par Paul Alexis. — Méthode de travail. — Combien elle diffère de la méthode romantique. — Zola, d'après de Amicis. — Le lutteur en Zola 179

XI. — *Les Rougon-Macquart*. — Théorie scientifique de l'œuvre : sa force et sa faiblesse 197

XII. — L'impersonnalité du romancier chez Zola. — Le style. — La poésie. — Tendance qu'il attribue chez lui au Romantisme. — L'intervention indirecte du romancier. — Vérité de l'observation. — Symbolisme. — Les inimitiés que Zola a ameutées contre lui 217

XIII. — La morale et le roman naturaliste. — Le fatalisme. — Les jeunes filles et la littérature. — La seule morale, c'est la morale catholique. — Indulgence des idéalistes pour les romantiques. — Le *Don Quichotte*. — L'adultère et le roman naturaliste. — Résumé de la question...................... 233

XIV. — Le Réalisme anglais. — Son origine : Chaucer et Shakespeare. — Foë et Swift. — Walter Scott. — Les autoress. — Dickens, Thackeray et Bulwer. — Georges Eliot. — Le rôle du roman en Angleterre, son influence sociale. — L'esprit anglican dont il est imprégné........................... 251

XV. — L'Espagne. — Le mouvement de 1808. — Les Walter-Scottiens. — La Avellaneda. — Fernan Caballero. — La transition : Alarcon. — Valera. — Comment on a jugé Valera en France. 269

XVI. — Les réalistes. — Mesonero Romanos et Florez. — Larra. Pereda. Son localisme, son catholicisme intransigeant. — Perez Galdos. — Son œuvre idéaliste. — Son évolution. — La situation du roman et des romanciers en Espagne. — Les jeunes : idéalistes et naturalistes........................... 287

XVII. — Conclusions : pourquoi l'auteur ne parle pas du roman italien, russe et allemand. — Pourquoi il se tait sur le naturalisme au théâtre. — La question des écoles. — Réponse aux réclamations chauvinistes que l'affiliation française soulève en Espagne. — La méthode réaliste et sa valeur à toutes les époques........................... 307

Tulle, imp. Mazeyrie

www.ingramcontent.com/pod-product-compliance
Lightning Source LLC
Chambersburg PA
CBHW060646170426
43199CB00012B/1684